Paris, 28 r. Chalgrin XVIᵉ

30 - 1 - 26

Monsieur le Directeur,

J'ai l'honneur de vous adresser cette lettre sur le conseil de Monsieur Albert Lebrun.

J'y joins un ouvrage qui vient de paraître en soumettant à votre particulière attention le chapitre (De la Page 129 à la Page 142) qui traite du "char marin".

Vous êtes hautement qualifié pour apprécier les grands effets qui peuvent être tirés de cette étonnante invention. Je me fais donc un devoir de vous saisir de la question.

Dans les pages indiquées vous trouverez décrites les expériences et performances de cet appareil qui manœuvre avec la plus grande aisance et sûreté sur terre et sur eau.

Il n'a besoin ni de routes ni de ponts. Il franchit les côtes, la brousse, les roses, et les sables où s'enlisent les Tanks, et les rizières où enfoncent les bœufs.

Il peut être construit, pour les utilisations les plus diverses, en tous tonnages, depuis 1 tonne ½ jusqu'à 300 tonnes et plus. Il n'est pas d'un prix élevé.

On peut attendre d'un tel appareil les services les plus étendus et les plus variés. Il constitue un fait nouveau de premier ordre.

—

L'auteur envisage d'abord une réduction facile de son modèle-type, afin d'en faire un petit char agricole, dit "Auto-Tracteur".

Taillé en forme d'auto en effet, cet engin :

1° rendrait, pour la culture, les mêmes services que les meilleurs tracteurs connus;

2° roulant sur route à 20 ou 25 kil. à l'heure, il rendrait aussi les services d'une auto véritable, laquelle d'ailleurs ne saurait comme lui se passer de bons chemins;

3° évoluant sur la rade et sur l'eau, il servirait en même temps de canot automobile, ou de remorqueur de péniche.

Donc, engin agricole, engin de transport, et engin de promenade.

En Europe, et dans les 2 Amériques, on peut lui prédire un certain succès !...

Mais je considère surtout qu'il est apte à transformer et à améliorer les conditions de la vie aux Colonies.

Tout le monde sait que l'expansion y est arrêtée ou gênée par le dur problème de la circulation et des transports.

Avec l'Auto-Tracteur, les colons passeront partout, et rallieront avec facilité les centres éloignés, par la ligne droite.

Construit en modèle un peu plus grand (et non plus en tracteur) le même appareil, transportant alors les postaux et des voyageurs, toujours par le plus court chemin, rendra comme <u>courrier</u>, des services inestimables, partout où le rail ne passe pas.

Construit en tonnage plus important encore il transportera à bonne vitesse, à travers tous les terrains, cours-d'eau et marais, toutes les marchandises que l'on voudra.

—

Je suis donc fondé à dire que c'est la liaison enfin assurée entre tous nos centres de production.

Il y a donc là une question d'intérêt national.

C'est ce qui m'autorise à vous demander de bien vouloir m'aider à la résoudre.

Les circonstances que notre pays traverse sont telles qu'il faut, par tous les moyens, augmenter sa capacité de production et ses possibilités de redressement.

Le ministère des colonies n'est pas riche, mais les budgets des colonies sont singulièrement mieux fournis et plus élastiques. De grands moyens (1) sont à votre disposition. Vous pourrez donc, de toute façon m'aider ou me conseiller utilement si les Français reculent, ce sont les étrangers qui aboutiront.

(1) Or, il n'en faut vu que de petits !

4.

La Colonie de l'Indo-chine, la première, à cause de ses rizières, de son étendue, de ses richesses défendues par des terrains difficiles, me semble avoir un réel intérêt à mettre l'Auto-Tracteur à la disposition de ses colons.

Sur les moyens à employer, sur l'aide à apporter au constructeur, je vous prie de m'entendre, et je vous serais infiniment reconnaissant de bien vouloir me fixer dès que possible une audience — plutôt dans l'après-midi, si vous le voulez bien.

Je vous prie d'agréer,
monsieur le Directeur,
l'assurance de ma plus distinguée considération

[signature]

... Il est probable que les évolutions de quelques uns de ces appareils en Cochinchine par exemple feraient accourir tout Saigon, et... tout Cholon !
Notre prestige n'y perdrait rien.

—

CET OUVRAGE
N'EST PAS
DESTINÉ A LA
-:- VENTE -:-

LE LIVRE

DE LA

LIGUE AÉRIENNE FRANÇAISE

DON 1996002184

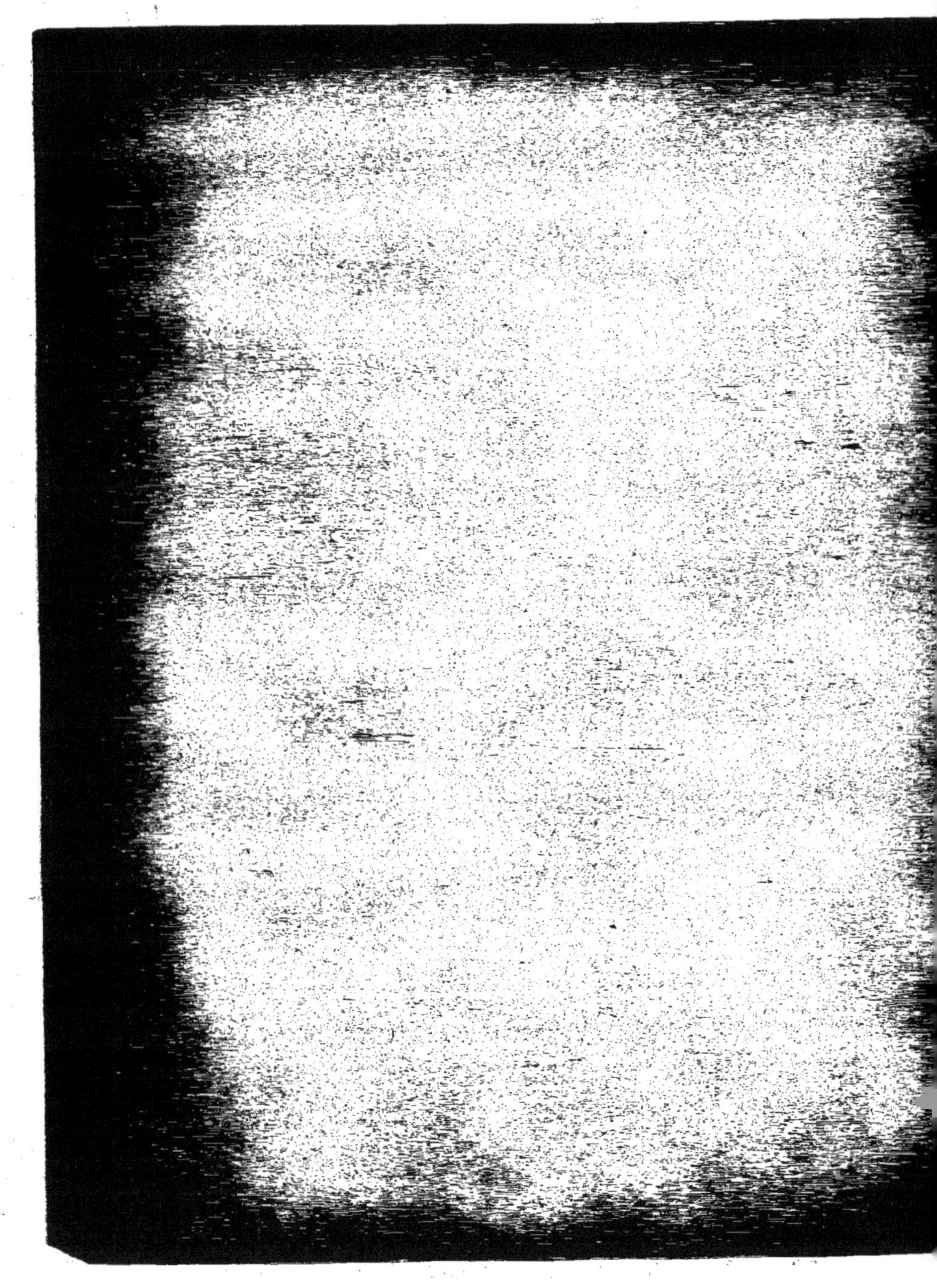

AGENCE ÉCONOMIQUE
DE L'INDOCHINE
BIBLIOTHÈQUE
Entrée : 4050
Classement :

AGENCE ÉCONOMIQUE
DES COLONIES
BIBLIOTHÈQUE
Entrée :
Classement :

AGENCE ÉCONOMIQUE
DES COLONIES
BIBLIOTHÈQUE
Entrée : 5190
Classement :

LE LIVRE

DE LA

Ligue

Aérienne

Française

1915 - 1918

1925

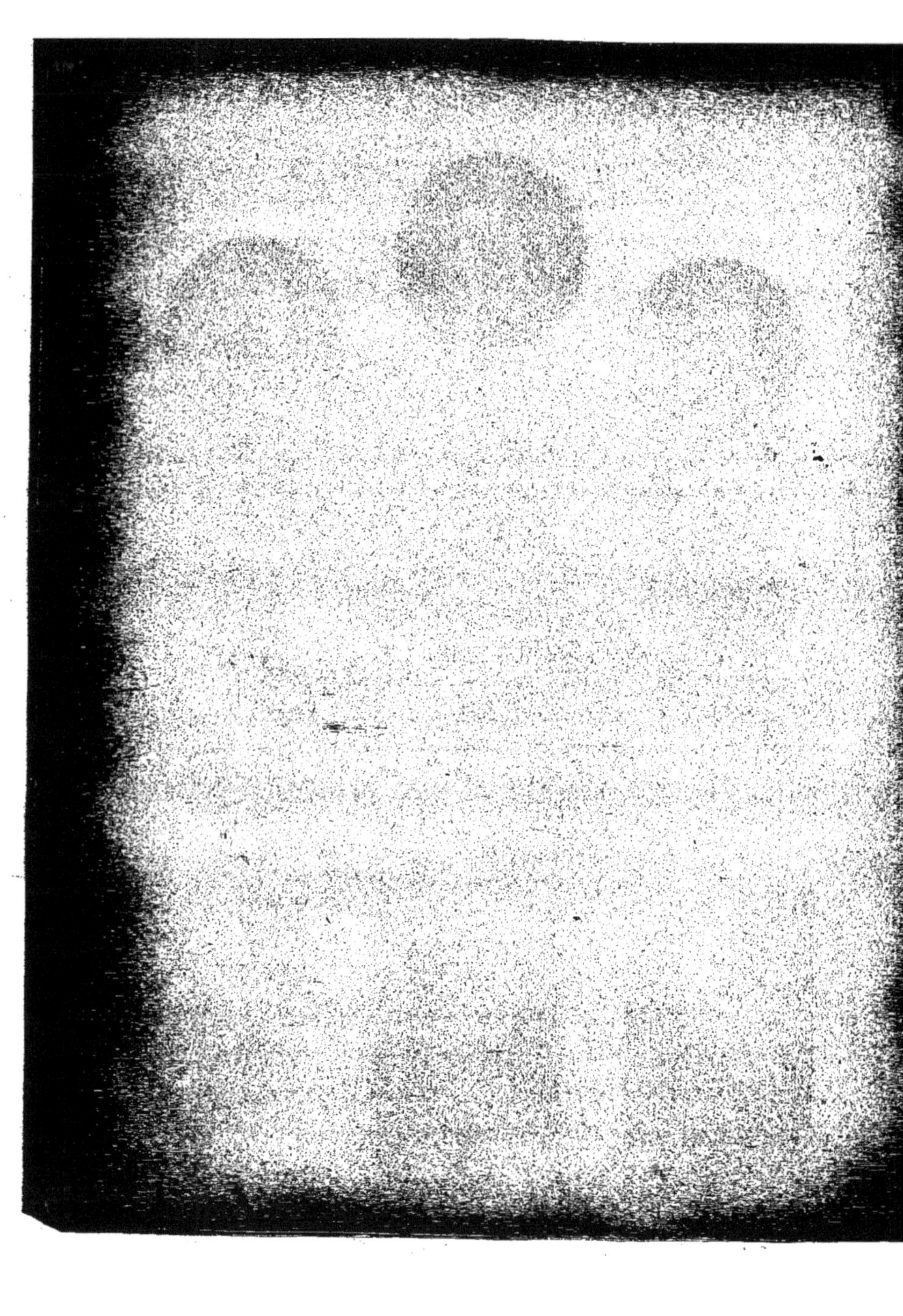

Les Principaux Chefs de l'Aéronautique pendant la Guerre

M. René BESNARD
Sénateur
Ambassadeur de France
Ancien Ministre
**(Sous-Secrétaire d'Etat de l'Aéronautique
de Septembre 1915 à Février 1916)**

M. Daniel VINCENT
Député
Ancien Ministre
**(Sous-Secrétaire d'Etat de l'Aéronautique
de Mars 1917 à Septembre 1917)**

**De Février 1916 à Mars 1917
M. le Colonel RÉGNIER
fut Directeur de l'Aéronautique**

M. J.-L. DUMESNIL
Député
Ancien Ministre
**Sous-Secrétaire d'Etat de l'Aéronautique
(de Septembre 1917 à Janvier 1920)**

M. le Général HIRSCHAUER
Sénateur
**(Directeur de l'Aéronautique
d'Octobre 1914 à Septembre 1915)**

M. FORTANT
Inspecteur Général
Directeur
des Services Techniques de l'Aéronautique

M. P. E. FLANDIN
Député
Ancien Ministre
Président de l'Aéro-Club de France
(Chargé de mission 1916 et 1917)

3 GRANDS " AS "

Capitaine GUYNEMER

Capitaine FONCK
Président
de la Ligue Aéronautique de France

Commandant VUILLEMIN

PRÉFACE

Paris, Juillet 1925

Il faut, pour lire et comprendre cet ouvrage, se placer à nouveau dans l'atmosphère de guerre de cette sombre année 1915 où, sur le Front de France, des armées ennemies, heurtant les unes contre les autres des armes égales s'arrachaient, çà et là, de longs lambeaux de chair, sans avancer d'un pas.

Une forme nouvelle de guerre, contraire au génie français, qui réclame le mouvement et l'espace, nous était imposée, et nos hommes immobiles gardaient l'affût le long des tranchées, des Vosges à la Manche. Parfois des offensives partielles, réduites à de brefs assauts, s'allumaient en certains points du Front immense, puis s'éteignaient.

En deçà du cordon hérissé et grondant de la défense, l'arrière travaillait à pleins bras, pour boucher les trous d'une préparation insuffisante, créer le matériel énorme réclamé par les combattants, et la France des labours devenait la France des usines. Les femmes faisaient du blé, et les hommes des obus.

Pourtant, l'immobilité terrible se prolongeait.

Alors, cette vaste offensive, ce grand acte de délivrance, qui n'apparaissaient point réalisables sur terre, certains hommes crurent possible d'en envisager l'exécution par les routes de l'air.

De là naquit l'idée de la **Ligue Aérienne Française.**

*
*

Pour répandre cette idée, la développer et la défendre, et peut-être l'imposer, dans les milieux utiles : au sein des Commissions de l'Armée du

Sénat et de la Chambre, puis auprès du Gouvernement, et jusqu'au Grand-Etat-Major lui-même, la présence à la tête de cette Ligue de hautes personnalités, de toutes opinions, mais d'incontestable autorité politique et morale, était nécessaire.

Cette union fut facile, et le 25 octobre 1915 un groupe composé en grande majorité de Parlementaires célèbres, signait et publiait un Manifeste, par endroits prophétique, et inspiré dans toutes ses lignes de la plus haute volonté patriotique.

On y retrouvera les noms :

Du Président CLEMENCEAU et du Président DOUMER, ces deux grands français; du Président PAINLEVÉ, du Président BARTHOU, du Président Raoul PÉRET, du Président HERRIOT;

De M. Gaston MENIER dont la voix s'élève vigoureusement à chaque fois que l'aviation est en cause;

De Maurice BARRÈS, de M. Albert LEBRUN, de M. Henry BÉRENGER, de M. le Général PAU, et des autres signataires qui forment la remarquable phalange des 23 Fondateurs de la Ligue.

Son Manifeste — qu'on va lire aux pages suivantes — retentit profondément dans l'opinion publique. Il lui donna un nouvel espoir de victoire. Il aida les militaires et les civils à concevoir une guerre nouvelle, à croire en elle, et donc à déterminer le mouvement d'idées qui allait intensifier les efforts dans ce sens, et faire de l'Aviation une reine des combats.

Les ahésions, par milliers, affluèrent.

Quatre cents parlementaires, douze cents Maires des principales Villes de France, les plus viriles figures de l'armée, de la science, du journalisme, vinrent à nous.

Un mouvement de foi dans la guerre aérienne était créé dans tous les rangs de la nation. Il ne cessa depuis de grandir.

Par là, et dans l'ordre moral, la Ligue atteignit presque aussitôt son but.

Dans l'ordre pratique, il fallait quelque chose de plus. C'est pourquoi, avec l'appoint de donateurs généreux, un Centre d'Etudes (et aussi d'exécution) fut constitué sous le contrôle de quelques savants éminents.

Le Manifeste avait montré les cibles qu'il fallait toucher ; le Centre d'Etudes allait étudier et proposer les appareils capables de les atteindre.

Son œuvre forme la majeure partie de cet ouvrage, et elle demeure toute pleine d'enseignements. Elle ne fut pas toujours comprise ou acceptée par les Pouvoirs Publics, c'est-à-dire par les autorités multiples, enchevêtrées et souvent rivales, qui avaient qualité pour décider et qui manquaient très souvent d'ailleurs des moyens d'action indispensables. Mais elle est néanmoins si forte et si vraie que les années qui ont passé ne l'ont pas amoindrie.

Les théories, ou les engins, sortis de notre Centre d'Etudes sont encore plus indiscutables aujourd'hui qu'hier.

Certaines conceptions firent évidemment frémir, à cette époque, quelques-uns de ces Pontifes qui embrassent le Progrès pour le mieux étouffer, comme ceux qui le nient par impuissance ou par système. A chaque pas qu'elle fait la science s'entrave ainsi dans les négations sournoises ou l'hostile inertie des envieux — et nous possédons de pénibles exemples de ces oppositions qui constituent, à certains moments de l'Histoire, un crime d'Etat.

Il n'en sera pas fait mention directe, du moins dans cet ouvrage, qui s'écarte de toute critique des personnes sinon des faits, et dans lequel un technicien véritable saura aisément discerner et brasser des idées justes et des éléments nouveaux, et reconnaître chez nos collaborateurs la marque du talent.

Il convenait de leur rendre justice en rassemblant ici quelques-unes de leurs meilleures créations, qui restent pour la plupart des nouveautés sensationnelles, afin de leur assurer du moins les priorités auxquelles ils ont droit. De leurs travaux, d'autres germeront, et la Défense Nationale en sera encore fortifiée.

..

Œuvre de guerre, créée pour des buts spéciaux, en marge des autres associations aéronautiques déjà existantes et qui rendirent toutes de grands services, la **Ligue Aérienne Française** *fut régulièrement dissoute peu après la Paix.* [1]

...Mais la guerre n'est pas morte ! On peut la maudire, mais non pas la tuer. Elle a, dirait-on, une excuse : Elle est le plus puissant propulseur de la science, d'une part, de l'énergie et de l'esprit de sacrifice, d'autre part.

(1) Après apurement de tous comptes par les soins d'un Inspecteur des Finances.

L'Europe et le monde demeurent en état de profonde ébullition. Demain le tocsin peut à nouveau réveiller nos campagnes. A ce moment, le Manifeste d'octobre 1915 sera plus vrai que jamais !

Nous devons y songer. Nous ne devons pas ignorer surtout que la France en guerre ne peut lutter et vivre que si elle garde un contact facile et permanent avec l'extérieur et d'abord avec l'Afrique. Or, elle n'a plus de marine pour commander les routes de la mer. Il lui faut donc le commandement des routes de l'air.

Aujourd'hui comme hier la sécurité de la Patrie exige une Aviation supérieure.

C'est pourquoi il me sera permis d'essayer, comme en 1915, de réaliser le vœu suivant :

En raison d'abord de l'abandon ou du dédain où sont trop souvent laissés les apporteurs d'idées justes et nouvelles, et en raison aussi de la dangereuse lenteur des Pouvoirs Publics quand par exception on les décide à agir, il est désirable que soit constitué un **Comité National d'Aviation,** *composé d'autorités scientifiques et politiques devant lesquelles toutes les portes devront s'ouvrir, et qui aurait la double charge :*

1°. — De faire examiner contradictoirement les œuvres capables d'améliorer notre Aviation ;

2°. — De préconiser l'adoption de ces œuvres, de les défendre, de les suivre dans les étonnants méandres des Administrations, et cela directement, sans se laisser retarder par des formulaires ou des protocoles paralysants.

La science, la sécurité nationale, et les meilleurs chefs de l'Aéronautique eux-mêmes, trouveraient dans cet organe de réalisation un appréciable stimulant.

Henri SABARTHEZ.

LE MANIFESTE

DE LA

LIGUE AÉRIENNE FRANÇAISE

POUR LA SUPRÉMATIE DE L'AIR
PAR L'AVIATION DE GUERRE

Les paragraphes en italique sont ceux que la censure laissa en blanc, quand ce manifeste parut dans la presse.

Paris, 25 octobre 1915.

Sous la pression des événements, et en vertu de l'action que l'initiative privée est en droit d'exercer dans un pays d'opinion libre, la *LIGUE AÉRIENNE FRANÇAISE* s'est constituée à Paris.

Le but de la Ligue, parlant aux non-combattants, est de faire appel à toutes les forces agissantes non employées aux armées, de les coordonner, de les orienter, et de créer ainsi dans le public français un grand courant d'opinion vers un but précis. Ce but à atteindre, c'est la suprématie de l'air par l'avion de guerre.

Par opposition à la puissante *LIGUE NAVALE ALLEMANDE*, dont la propagande intensive obtint peu à peu de grands résultats matériels en faveur de la marine ennemie, la *LIGUE AÉRIENNE FRANÇAISE* tentera de déterminer ou de développer une campagne aérienne de grande envergure.

La faillite du dirigeable — et plus particulièrement du Zeppelin, qui s'était notamment proposé la destruction de Paris et de Londres — semble réelle. Ses attentats isolés et réduits n'ont abouti à aucun résultat militaire essentiel. Mais le triomphe de l'avion — très amélioré depuis douze mois — apparaît éclatant et certain. L'avion sait voir l'ennemi, et il sait le frapper. Il est véritablement « l'œil de l'armée », et il est aussi le bras qui porte au loin, bien en arrière des tranchées, la bombe destructive. Il a accompli déjà des exploits magnifiques. Il s'est couvert de gloire. Demain, il peut devenir un agent décisif de la Victoire.

Lui seul, en ce moment, est apte, en effet, à porter la mort chez l'ennemi au sein même de l'Allemagne. Lui seul est apte à trouver sous la cuirasse la place du cœur.

~ 9 ~

*Le cœur de l'Allemagne est à Essen. Là, depuis soixantes années, les Krupp accumulent —
et cette centralisation facilitera leur perte — les plus formidables outillages existants. Là se fabriquent et se réparent les fusils et les canons, sans lesquels les soldats du Kaiser seraient pareils à un
troupeau désarmé. Là, dans ce creuset immense et toujours haletant, 120.000 ouvriers besognent
sans répit. Ils forgent et reforgent sans cesse l'épée infatigable de l'Allemagne. Par conséquent, la
destruction d'Essen est un des objectifs essentiels que nous devons nous proposer.*

*En Juillet dernier, Henri Sabarthez écrivait non sans raison : « Essen, à vol d'oiseau, est à
300 kilomètres environ de Dunkerque. Donc Essen est vulnérable. Il faut y aller une fois, dix fois,
cent fois, si c'est utile. Mais, il faut anéantir la cité monstrueuse, ainsi que Ludwigshaffen et deux ou
trois autres centres d'armements. Frappez Essen, et le colosse boche s'abattra de lui-même, les os
rompus... »*

• •

Pour de telles entreprises la France doit créer, sans délai, une nombreuse armée
aérienne. Elle doit enfanter, à l'écart de ses chantiers actuels absorbés par les besoins
directs des armées, une *flotte autonome* d'avions, entrainée, armée, perfectionnée, en vue
d'opérations directes contre les centres usiniers allemands.

Puisqu'on nous fait une guerre d'usines, frappons les usines. Décupler notre production en munitions et en canons, c'est très bien. C'est une face du problème. Détruire les
usines ennemies de canons et de munitions, voilà l'autre face du problème.

*On a parlé d'affamer l'Allemagne, provocatrice et meurtrière. On l'affamera utilement,
mais en lui ôtant le pain de ses canons.*

Cette guerre immense ne nous a rien appris, ou bien elle nous enseigne la puissance
du nombre. Les combattants et les obus se comptent par millions. Les avions se compteront
par milliers.

Nos aviateurs — manifestement supérieurs à leurs rivaux — sont déjà allés sur
Ludwigshaffen, qui est le plus grand entrepôt chimique de l'Allemagne et du monde. Ils
réussirent des destructions partielles réparées peu après. Ils étaient 18.

Leur exploit est très beau. Ses résultats furent minimes, et ils ne sauraient influencer
les événements. *Mais, si 1.000 ou 2.000 avions avaient laissé tomber chacun 100 ou 200 kilos
d'explosifs sur cette cible superbe elle eut été réduite en cendres en un jour. Or, Ludwigshaffen est
la main gauche de l'Allemagne, comme on pourrait dire que Essen est sa main droite. Abattre l'une
ou l'autre, ou mieux abattre l'une et l'autre, cela équivaut à gagner deux des plus grandes victoires
de la guerre. Cela vaut mieux peut-être militairement que d'emporter Metz ou Lille. Et cela ne
coûterait pas deux ou trois cent mille hommes.*

• •

Le système des demi-mesures, des petits paquets, apparaît donc, ici comme ailleurs,
dérisoire. Pour obtenir un résultat capable de modifier profondément la situation de
l'ennemi, pour atteindre et détruire un centre important et bien défendu, il faut jeter sur
lui, par séries rapprochées et par masses, les avions porteurs de bombes et de torpilles.

Tel est l'avis de chefs éminents. Telle est la formule dont l'opinion va s'emparer
demain pour aider à la faire triompher. La Ligue est déjà l'expression pratique de cette
tendance qui grandit dans tous les milieux.

Une flotte supplémentaire de 5.000 avions ferait sans doute de nos aviateurs les
maîtres du ciel. Une telle suprématie déterminerait des conséquences incalculables,
visibles aux yeux de tous.

Elle aiderait à frapper non seulement la puissance ennemie à sa source, en détruisant ses fabriques et ses entrepôts, mais elle permettrait d'abord d'annihiler les Tauben et les Aviatiks. Elle assurerait donc le secret de nos manœuvres et la sécurité de nos arrières. Par contre, elle nous vaudrait de lire le jeu de l'ennemi, en mettant en péril constant ses moyens de communication, ses parcs, ses corps d'armée. Elle ferait planer sur les places fortes, les magasins, les troupes allemandes, une menace permanente et terrible.

En conséquence, la Ligue demande la mise à l'étude immédiate, puis la constitution de cette force nouvelle.

Il y a des difficultés de réalisation, sans aucun doute. Mais la question justement que nous posons est de savoir si la puissance créatrice de la France, sa capacité d'organisation, sa volonté de vaincre, sont au-dessous de la tâche qui s'offre? Nous ne le croyons pas. S'il y avait lieu nous le démontrerions.

Les Pouvoirs Publics ont entre leurs mains des ressources immenses, toutes les bonnes volontés, toutes les forces de la Patrie. Ils sont, d'autre part, en face d'un ennemi dont ils savent la promptitude et la résolution. A eux d'utiliser d'une manière pratique, rapide et précise, les facultés d'adaptation et de création, d'habileté et de courage, d'un peuple incomparable. Ils trouveront chez tous les Français d'accord avec nous le concours le plus ardent.

Donc, s'il y a des difficultés, il faut les aborder aussitôt et les vaincre. Sera-ce l'Allemagne qui les vaincra la première? Sera-ce la France? Tout l'esprit de la Ligue tient en ces mots!

Dès le début, d'ailleurs, toute équivoque possible doit être écartée. L'action de la Ligue ne comporte aucun blâme à l'égard de l'Administration Aéronautique de la Guerre. Elle ne fait pas œuvre critique. Elle n'est ni commerciale, ni sportive, ni politique. Elle n'exprime que des suggestions aux Pouvoirs Publics et une invite à la Nation. Plus expressement, elle est une coalition de forces morales mise au service d'un programme bref et net, et en vue d'une vigoureuse propagande. C'est pourquoi elle convie tous les Français et toutes les Françaises à entrer dans ses rangs.

La *LIGUE AÉRIENNE FRANÇAISE* est donc une œuvre populaire. Elle s'adresse à tous, au plus petit comme au plus haut : aux intellectuels et aux ouvriers, aux élus du pays et à la presse, aux fonctionnaires, aux clubs, aux groupements commerciaux, à ces syndicats professionnels qui ont expérimenté que l'Union fait la force; à tous ceux, enfin, et à toutes celles qui constituent une parcelle de l'activité nationale. Plus ses membres seront nombreux, plus forte sera sa voix.

... Que tous les Français regardent et voient. Et surtout que, d'une volonté puissante et unanime, ils sachent vouloir. Cette guerre implacable, décisive, n'est pas finie... Toute l'Europe flambe. De rudes obstacles sont devant nos armées. Il faut les abattre, ou passer par dessus. Il faut que tous les civils, de toutes leurs énergies, poussent à la roue.

L'Allemagne nous écrasera, ou nous l'écraserons, nous, les Français. Pas d'autre issue, sous peine de recommencer dans peu de temps la tuerie.

Il ne suffit donc nullement aujourd'hui de pleurer nos héros morts pour notre indépendance, et d'acclamer de loin nos soldats combattants. Il faut les aider toujours davantage, et par des actes.

Il faut forger, pour hâter leur victoire, les plus formidables outils de combat. Et si nous les leur donnons, sans doute pourrons-nous — de plusieurs longs mois — abréger la bataille.

Signé, LES FONDATEURS :

Louis BARTHOU
Député
Ancien Président du Conseil.

Maurice BARRÈS
de l'Académie Française
Député
Président de la Ligue des Patriotes.

Pierre BAUDIN
Sénateur
Ancien Ministre de la Marine
Président de l'Association de la Presse Parisienne

Henry BERENGER
Sénateur
Secrétaire de la Commission de l'Armée
Directeur de l'Action et du Siècle.

Alfred CAPUS
de l'Académie Française
Rédacteur en Chef du Figaro.

Georges CLEMENCEAU
Sénateur
Ancien Président du Conseil
Président des Commissions des Affaires Extérieures
et de l'Armée.

Etienne CLEMENTEL
Député
Ancien Ministre des Finances
Président de la Commission du Budget.

Comte R. de CLERMONT-TONNERRE
Vice-Président de l'Automobile Club de France

Arthur DAVID-MENNET
Président de la Chambre de Commerce de Paris.

Paul DOUMER
Sénateur
Ancien Président de la Chambre des Députés
Ancien Ministre des Finances
Président de la Commission de l'Armement.

HENRI-ROBERT
Bâtonnier de l'Ordre des Avocats de Paris.

Edouard HERRIOT
Sénateur
Maire de Lyon.

Charles HUMBERT
Sénateur
Directeur du Journal.

Ernest LAVISSE
de l'Académie Française,
Membre du Conseil de l'Ordre de la Légion d'Honneur,
Directeur de l'Ecole Normale Supérieure.

Albert LEBRUN
Député
Ancien Vice-Président de la Chambre,
Ancien Ministre des Colonies et de la Guerre.

Gaston MENIER
Sénateur
Rapporteur de la Commission de l'Aéronautique.

Paul PAINLEVÉ
Membre de l'Institut
Député,
Président de la Commission de l'Aéronautique.

Raoul PERET
Député
Ancien Ministre du Commerce
Rapporteur Général du Budget

Stephen PICHON
Sénateur
Ancien Ministre des Affaires Etrangères
Directeur du Petit Journal.

Duc de ROHAN
Député
Président de l'Union

Baron H. de ROTHSCHILD
Administrateur de la Compagnie du Nord.

Henri SABARTHEZ
Rédacteur Parlementaire
de l'Agence Télégraphique Républicaine.

Eugène TOURON
Sénateur
Vice-Président du Sénat,
Président de la Chambre de Commerce de Saint-Quentin.

Les Fondateurs de la **Ligue Aérienne Française**

M. G. CLEMENCEAU
Ancien Président du Conseil

(Président d'Honneur de la L. A. F.)

M. Paul DOUMER
Sénateur
Ancien Président de la Chambre
Ancien Gouverneur Général
de l'Indo-chine
Ancien Ministre des Finances

(Président de la L. A. F.)

Les Fondateurs de la **Ligue Aérienne Française**

M. Maurice BARRÈS
de l'Académie Française
Député de Paris
Président de la " Ligue des Patriotes "

M. Pierre BAUDIN
Sénateur
Ancien Ministre
Président de la " Presse Parisienne "

M. Henry BERENGER
Sénateur
Rapporteur Général
de la Commission des Finances

M. Alfred CAPUS
de l'Académie Française
Publiciste
Rédacteur en chef du " Figaro "

Les Fondateurs de la **Ligue Aérienne Française**

M. Louis BARTHOU
de l'Académie Française
Sénateur
Ancien Président du Conseil
Président
de la Commission des Réparations

(Président d'Honneur de la L. A. F)

M. Albert LEBRUN
Sénateur
Président de la Commission de l'Armée
Ancien Ministre

(Vice-Président de la L. A. F.)

Les Fondateurs de la **Ligue Aérienne Française**

M. Étienne CLEMENTEL
Sénateur
Ancien Ministre des Finances

M. le Comte R. de CLERMONT-TONNERRE
Vice président
de l'Automobile-Club de France

M. A. DAVID-MENNET
Président
de la Chambre de Commerce de Paris

M. HENRI-ROBERT
de l'Académie Française
Bâtonnier de l'Ordre des Avocats de Paris

Les Fondateurs de la **Ligue Aérienne Française**

M. Gaston **MENIER**
Sénateur
Vice-Président
de la Commission de l'Armée
Vice-Président
du Conservatoire Nal des Arts-et-Métiers

M. Paul **PAINLEVÉ**
de l'Institut
Ancien Président de la Chambre
Président du Conseil
Ministre de la Guerre

Les Fondateurs de la Ligue Aérienne Française

M. Édouard HERRIOT
Ancien Président du Conseil
Maire de Lyon
Président de la Chambre des Députés

M. Charles HUMBERT
Ancien Sénateur
Ancien Directeur du " Journal "

M. Ernest LAVISSE
de l'Académie Française
Directeur de l'École Normale Supérieure

M. Stephen PICHON
Ancien Sénateur
Ancien Ministre des Affaires Étrangères

Les Fondateurs de la **Ligue Aérienne Française**

M. le Général PAU
Grand Croix de la Légion d'honneur
Ancien Membre
du Conseil Supérieur de la Guerre
Président
du Comité central de la Croix-Rouge
(succéda à M. le Président Clemenceau
à la Présidence d'Honneur de la L. A. F.)

M. Raoul PÉRET
Député
Ancien Président de la Chambre
Ancien Ministre

Les Fondateurs de la **Ligue Aérienne Française**

M. le Duc de ROHAN
Député du Morbihan
Capitaine de Chasseurs
(tué à l'ennemi le 13 Juillet 1916)

M. le baron H. de ROTHSCHILD
Administrateur
de la Compagnie des Chemins de fer du Nord

M. Henri SABARTHEZ
Publiciste
(Secrétaire Général de la L. A. F.
Directeur-Fondateur du Centre d'Etudes)

M. Eugène TOURON
Vice-président du Sénat
Président
de la Chambre de Commerce de St-Quentin

LE COMITÉ EXÉCUTIF

PREMIER ORDRE DU JOUR

Le premier ordre du jour voté par la Ligue manifesta nettement sa tendance. Il disait :

La *LIGUE AÉRIENNE FRANÇAISE*, considérant que la suprématie de l'air peut constituer un des éléments de la victoire;

Que la France doit tout tenter pour conquérir cette suprématie et la maintenir; qu'il n'existe point, dans ce sens, d'obstacles matériels qui ne puissent être surmontés;

Qu'il y a lieu, en conséquence, d'envisager la constitution immédiate d'une escadre aérienne autonome, armée et entraînée dans le but essentiel de porter la guerre chez l'ennemi :

Emet le vœu :

Que l'Administration aéronautique veuille bien étudier, de concert avec la Ligue, les voies et moyens de réaliser ce but dans les plus courts délais.

L'Assemblée a désigné ensuite, pour soutenir sa thèse et son programme, son Comité exécutif, comprenant Messieurs :

L. BARTHOU, G. CLEMENCEAU, P. DOUMER,
S. PICHON, H. SABARTHEZ, G. MENIER,
A. LEBRUN, M. BARRÈS, H. BERENGER, R. PERET, A. CAPUS.

PÉTITION
DES MAIRES DE FRANCE

Un an après la publication du manifeste d'Octobre 1915, la Ligue s'adressait à nouveau à l'opinion et demandait aux principaux Maires de France leur adhésion signée à sa doctrine.

Plus de onze cents d'entre-eux, c'est-à-dire l'unanimité des Maires touchés par la lettre ci-dessous, répondaient à cet appel avec enthousiasme :

LIGUE AÉRIENNE
FRANÇAISE

Paris, le 10 Novembre 1916.

COMITÉ EXÉCUTIF

Monsieur le Maire,

Nous avons l'honneur de vous soumettre, ainsi qu'à vos collègues des principales Communes de France, la pétition ci-incluse.

Les demandes qu'elle contient nous paraissent conformes aux exigences redoutables de l'heure présente.

La France n'est pas au bout de son effort, mais elle doit tout tenter pour atteindre promptement son but : la paix par la victoire.

Or, la guerre sous-marine, si l'Allemagne ose la poursuivre, si on lui laisse le temps de la développer, peut entraver gravement les ravitaillements des Alliés dans la mer du Nord, l'Atlantique, la Méditerranée.

La guerre aérienne sera notre réponse. Menée avec l'ampleur et l'énergie qui conviennent, elle est capable d'atteindre en ses Centres vitaux un ennemi qui se prétend orgueilleusement inviolable, d'infliger à ses troupes des pertes dangereuses, d'affaiblir le moral de ses populations en leur enlevant le sentiment de la sécurité.

La France pour mener la véritable guerre de l'air ne manque pas d'hommes résolus et habiles. Ce qu'il faut, en outre, c'est une puissante organisation aérienne, sans cesse augmentée et perfectionnée. Les Pouvoirs Publics peuvent et doivent la lui donner.

En conséquence, nous vous prions d'apposer votre signature au bas de la pétition ci-jointe et de nous la retourner *dans la huitaine.*

Par ce simple geste, vous aurez efficacement aidé les hommes qui réclament le développement de l'Aviation française pour hâter la libération du territoire.

Veuillez agréer, Monsieur le Maire , les assurances de notre dévouement.

Pour le Comité exécutif :

Paul DOUMER; Louis BARTHOU; Henri SABARTHEZ; Maurice BARRÈS; Stephen PICHON; Henry BERENGER; Edouard HERRIOT.

TEXTE DE LA PÉTITION

Pour riposter aux actes, contraires au droit des gens, des sous-marins allemands et des Zeppelins ;

Pour protéger nos villes frontières et nos arsenaux ;

Pour sauvegarder, par l'utile menace de représailles, la vie et les biens des populations françaises sous le joug de l'envahisseur ;

Pour porter la guerre en Allemagne ;

Pour alléger l'effort de nos troupes d'assaut en frappant et désorganisant les troupes et les convois de l'arrière qui alimentent les lignes de combat ;

Pour ménager le sang français ;

Pour hâter la fin de la guerre, en abattant l'ennemi,

LES MAIRES DE FRANCE soussignés,

adhérents au Programme de « La Ligue Aérienne Française » et unis dans une même pensée d'action patriotique,

demandent que les Pouvoirs Publics

préparent et inaugurent la véritable Guerre Aérienne, c'est-à-dire constituent sans délai une Armée de l'Air disposant de flottes d'Avions outillés pour l'attaque et la destruction des principales formations militaires ennemies, des usines, arsenaux, parcs de munitions, gares, ouvrages d'art, etc., et en particulier les Fonderies d'Essen, les Entrepôts chimiques de Ludwigshaffen, les Aciéries de Thionville, etc.

Ont signé :

Le Président du Conseil Municipal de **Paris**,

Les Maires de **Lyon, Marseille, Bordeaux, Le Havre, Saint-Etienne, Toulouse.**

Les Maires de **Dunkerque, Calais, Arras, Amiens, Epernay, Châlons, Bar-le-Duc, Nancy, Gérardmer, Remiremont, Belfort.**

Les Maires d'Alger, Ajaccio, Argentan, Alençon, Asnières, Albans, Aiguebelle, Albertville, Arès, Ambarès, Arcachon, Anduze, Alais, Aimargues, Avèze, Aubais, Amettes, Audinghen, Audresselles, Andres, Ayres-sur-la-Lys, Annecy, Aigurande, Angoulême, Aubeterre, Archettes, Aumontzey, Aydoilles, Ambacourt, Attigneville, Autreville, Auzainvilliers, Arches, Ars, Ile de Ré, Arvet, Aulnay, Anglure, Aroules, Agen, Auraux. Amblaincourt, Anxeville, Allassac, Allenjou, Amencey, Audeux, Again, Arreau, Auriebat, Avallon, Auxerre, Aillaut-sur-Tholon, Arbois, Aizenay, Argentré, Abresle, Amplepuis, Anse, Anquis, Arles, Aix, Aubagne, Airvault, Amance, Argeron, Arles-sur-Tech, Aigrefeuille, Amblerie, Anzauvillier, Aubin, Arc-sur-Tille, Auxonne, Ardes, Angerolles, Apprieu, Ax-les-Thermes, Accous, Arette, Arthez, Arfeuilles, Arpajon, Alican, Aurillac.

Les Maires de Besançon, Bayonne, Beaumont, Brantôme, Beaumont-le-Roger, Bois-Colombes, Boulogne-sur-Seine, Ballon, Batz, Bourgneuf-en-Retz, Bozel, Beaufort, Branne, Boynes, Beaune-la-Rolende, Sonay, Bellac, Bagnères-de-Luchon, Beaumarchères, Barcus, Boucau, Brassac-les-Mines, Blet, Bourbon-l'Archambaud, Bayel, Beaune, Bèze, Bertholine, Bozouls, Bourg-Argentat, Baxicourt, Beauvais, Betz, Bages, Berre, Bargols, Bandol, Beausset, Beauville-sur-Mer, Bourguebuse, Breteville-sur-Laize, Bayeux, Branges, Bruley, Beaumont-sur-Oise, Bougival, Bezons, Brunoy, Biat, Bar, Bollène, Batre Neuve, Briançon, Brain-sur-l'Authion, Becon, Bouge, Briec, Bron, Bourg de Thizy, Brouzils, Bouchoux, Bois d'Amont, Bernaville, Bèves, Barenton, Brehal, Briquebec, Bienan, Belpeich, Beaumont-les-Valence, Bourg-de-Peage, Bourg-les-Valences, Brug, Bédée, Bergües, Bourbourg, Bailleul, Bierne, Boissezon, Brassy, Benevent l'Abbaye, Bellegarde, Bussière-Dunoise, Boussières, Baume, Bugeat, Brive, Blercourt, Bessan, Béziers, Bords, Bonvillet, Bazegney. Bains-les-Bains, Bronvelleures, Boulaincourt, Balleville, Bayecourt, Brillac, Blansac, Baignes-Ste-Radegonde, Biot, Bonneville, Bavincourt, Beauvezer, Beaucaire, Begude de Mazeno, Blois, Brulon, Bais, Beaufort, Bouscat, Blanquefort, Bouzarea, Biarritz.

Les Maires de Cognac, Cadouin, Conches, Clichy, Creteil, Clamart, Cajarc, Chateaubriant, Confrancon, Collanges, Coligny, Courtomer, Champsecret, Cadillac, Castelnau, Carbon, Chatillon-Coligny, Chatillon-sur-Loire, Chateauneuf-sur-Loire, Chilleurs-au-Bois, Chateauponsac, Cazères-sur-Garonne, Careman, Castanet, Chamborigaud, Castillon de Paguière, Calvisson, Chamonix, Cluses, Chatillon-sur-Indre, Chalais, Confolens, Cubjac, Chateauneuf, Corcieux, Charmes, Castelmorron, Chatel, Cozes, Corme-Royal, Cercoux, Clermont l'Hérault, Caylar, Cette, Capestang, Cessenon, Colombiers, Caux, Chatillon, Castillonnes, Charenton, Corbenay, Casne, Cordes, Castres, Calonzana, Conca, Campitello, Castifao, Crayvick, Cranvers-Sale, Castets, Crecy en Brie, Crest, Capendu, Chalabre, Conques, Cruxy le Chatel, Charentan, Cerisy la Sale, Caussade, Commenailles, Champagnol, Chassans, Craon, Chateauvillain, Chaumont, Chaponost, Crozon, Commana, Cholet, Cande, Chateauneuf s/Sarthe, Chemille, Couhe, Chauvigny, Chateaurenard, Chauffayer, Chef-Boutonne, Coursezoules, Contes, Corbeil, Charolles, Chalmont, Cluny, Creusot, Couches-les-Mines, Caumon-sur-Ornes, Creuilly, Cambremer, Cabourg, Claira, Cuers, Chazelles-sur-Lyon, Chatillon s/Seine, Corgoloin, Cosne d'Allier, Chantelle, Culan, Chateaumeillant, Charost, Charenton-du-Cher, Clermont-Ferrand, Chatel-Guyon, Cunlhat, Chatte, Cremieu, Cerilly, Caillar, Chateaubourg, Corbeilles en Gatinais, Charquemont, Capbreton, Cenac, Coursan, Cerdon, Conbiega, Céret, Cannes.

Les Maires de Domme, Donges, Dortan, Delle, Domfront, Dange, Dustal, Die, Dieulefut, Dourgne, Dampierre-les-Bois, Dienne, Duclair, Duieres, Dampierre, Dompaire, Doulaincourt, Digne, Dijon, Douvaine, Die, Dinan, Dozule, Dieppe.

Les Maires d'Ecouen, Ecommoy, Exmés, Entrevaux, Etretat, Evisa, Estaires, Equeurdreville, Evron, Ernee, Eovilly, Espragues, Ecos, Eculasses, Etang sur Arroux, Estaguel, Epoisses, Ervy le Chatel, Escurolles, Esperaza, Enghien-les-Bains.

Les Maires de Fontenay-sous-Bois, Fresnoy-sur-Sarthe, Ferney Voltaire, Fronsac, Fleurance, Frivas, Frontignan, Florensac, Fengarolles, Frasne, Fesches-le-Chatel, Felletin, Fourchambault, Foura, Ferté-sous-Jouarre, Fieux, Fontevrault, Frangy, Flavin, Fossat, Fleurie, Fraissans, Fuveau, Fos-sur-Mer, Foix.

Les Maires de Grenoble, Gaillon, Gentilly, Gennevilliers, Giromagny, Grésy-sur-Isère, Gandrin, Generac, Gallargues, Genas, Gracay, Grand-Croix, Grand-Camp-les-Bains, Graveson, Gennes, Guilers, Gouesnon, Guipavas, Givors, Graniha, Greaux, Gavray, Gruissan, Guigen, Genille, Gravelines, Graulhet, Gray, Gy, Guines, Grandrieu, Givry, Gye-sur-Seine, Granville.

Les Maires d'Hendaye, Hasparren, Houlgate, Honfleur, Habas, Hérimoncourt, Heyrieux, Houdan, Hesdin, Hyères.

Les Maires d'Issy-les-Moulineaux, Ige, Ile-de-Croix, Ile Sousse, Iffendic, Ile d'Yeu, Isola, Issy-l'Evêque, Izieux, Iholdy, Ivry.

Les Maires de Joinville-le-Pont, Jumièges, Josselin, Jussac, Jougne, Jarnages, Jugon, Jouarre, Joigny, Javron, Joinville, Jallais, Jallieu, Jurançon, Jegun, Juvisy.

Les Maires de Lens, Louvrière, Levallois-Perret, Ferté St-Bernard, Leguillanne, La Chapelle-sur-Indre, La Turbal, Le Mesle-sur-Sarthe, Lesparre, Lacanau, Ludon, Langon, Lorris, La Ferte-sur-Aubin, Le Dorat, Léguevin, l'Isle-en-Dodon, Léognan, Lussan, Le Vigan, Lessemba, Lescar, La Bastide-de-Sérou, La Tronche, La Mure, Le Grand Temps, La Tour d'Auvergne, Levet, Lurcy-Lévy, Lapalisse, La Roche-en-Bresnil. La Pacaudière, La Chapelle St-Mesmin, Lorette, Liancourt, Liory, Lire, Lux-St-Sauveur, Lion-sur-Mer,

Lucenay-l'Evêque, Longjumeau, Levens, l'Ile-sur-la-Sorgue, La Motte St-Abrais, Lambesc, Longue, Louroux-Béconnais, La Pommeraye, Landivisiau, Lannilis, Lauzet, La Ferté-Amance, Louverne, Luxon, Lons-le-Saunier, Ligny le Chatel, Lézignan, Limoux, Lorrez le Bocage, Louvigne, Laboussac, Ile de Bouchard, Langeais, Lanion, La Roche, La Charité, Le Grand Combe, Isle sur Douba, Levier, Lure, Luxeuil, Lagrau-lière, La Guilly, Languidio, Lévignac de Seyches, Lèves, La Feuillie, Loges, Longueville, Lehoulme, Lan-targues, Lunel, Le Chateau d'Oloron, Lamarche, Loubert, La Chatre, Leblanc, Lacaune, Lessay, Lingre-ville, Le Teilleul, Les Rousses, Les Abrets, La Roche Bernard, Liffre, Laroquebrou, Léran.

Les Maires de Marennes, Montignac, Monpont-sur-l'Isle, Montmord, Mont-s/Jean, Montford-le-Rotrou, Montluel, Montbouton, Mortagne, Moutiers-au-Perche, Meing-sur-Loire, Magnac-Laval, Montastruc, Mon-testruc, Manolet, Marciac, Masseube, Marquise, Montonbœuf, Montmorreau, Monthureux, Montignac, Mont-guillon, Mison, Magalas, Montagnac, Murviel-les-Béziers, Montvilliers, Meilhan, Miramont, Mende, Meyssac, Marnay, Montbozon, Murat, Menet, Marmanhac, Montecheroux, Moulins-Euglibert, Moneatier, Merville, Montbazon, Merdrignac. Montfort, Mont-de-Marsan, Moyal-sur-Vilaine, Montigny-sur-Loing, Mormant, Montigny-Lancoup, Montréal, Mauléon, Moutiers, Mortagne-sur-Sèvre, Mathe-Héhard, Montégu, Mayenne, Mees, Maze, Montrevault, Mirebeau, Mallemort, Mondragon, Monteux, Marines, Milly, Montsoult, Mereville, Marly-le-Roi, Magny-en-Vexin, Montfort-l'Amaury, Mitry, Montunis, Mesvres, Marcigny, Matour, Melay, Mézidon, Millas, Montbrison, Marseille-en-Beauvais, Mussy-sur-Seine, Montluçon, Montet, Mehun-sur-Yèvre, Montégu, Menus, Montaliou-Vercien, Mirepoix, Mages, Morteaux, Mormeiron, Monguerre, Mas-d'Agenais, Montpellier.

Les Maires de Narbonne, Neuville-aux-Bois, Nexon, Neuvy, Neufchâteau, Neussargues, Neuvéglise, Neug-sur-Beuvron, Nort-sur-Erdre, Nistos, Neuville, Neuville-sur-Poitou, Neuilly-en-Thelle, Noiretable, Naucelle, Nay, Neuilly-la-Réal, Nice, Nantes, Néris-les-Bains.

Les Maires d'Orléans, Organ, Ouessant, Octeville, Ouzouere-le-Marché, Almi-Capella, Offranville, Oloron-Ste-Marie.

Les Maires de Pont-Audemer, Pont-St-Pierre, Paimbœuf. Paulx, Poncin, Podensac, Pontacq, Pont-en-Royan, Plousat, Plancy, Pontailler, Pratz-de-Molo, Port-Vendres, Prade, Persan, Pontoise, Palaiseau, Parthenay, Pont-l'Abbé, Plouescat, Poligny, Puylaroque, Pont-sur-Yonne, Pleine-Fougères, Pire, Platan, Pipriac, Pont-Leroy, Peyrehorade, Perron-Cuirec, Plombalay. Ploua, Portovecchir, Propriano, Painacs, Puylaurens, Pierrefontaine, Pontarlier, Plancher-les-Mines, Pont-Scorff, Peaule, Pontivy, Prunay-le-Guillon, Pontgouin, Puy, Poussen, Pérardmer, Provenchères-sur-Favre, Peryac-Minervois, Ploudiry, Poisay, Pui-chéric, Pau.

Les Maires de Quissac, Quarante.

Les Maires de Rennes, Ribérac, Romilly-sur-Andelle, Rosay, Rougemont, Rochechouart, Rochemartre, Rambervillers, Riotord, Rieutord, Russey, Roche-les-Beauprè, Rambecque, Rumilly, Rion, Romile, Redon, Reliais, | Rambouillet, Regny, Rive-de-Giers, Roanne, Réquista, Ramerupt. Randan, Riccys, Revel, Rochefort.

Les Maires de St-Nazaire, St-Astier, Salignac, Sigoules, St-Aulaye, St-Maur, Sceaux, Suippes, Sésanne, St-Céré, Salviac, Sille, Sable, St-Etienne-Montluc, St-Donat, St-Pierre-du-Regard, Sées, St-Michel, St-Jean-de-Maurienne, Serrière-en-Chantagne, St-André-de-Cubzac, St-Yzans-de-Médoc, St-Sulpice-de-Paleyrens, St-Macaire, Symphorien, St-Sulpice-les-Feuilles, St-Junien, St-Léonard, Serrières, St-Porchair, Surgères, St-Pierre-d'Oléron, Saujon, St-Just-Malmont, St-Didier,| St-Paulien, Sancoins, Dangis, Diangue-St-Romain, St-Adresse, St-Saens, Sours, Semonches, Seyches, St-Amans, St-Alban, St-Chely-d'Apcher, Saglien, St-Jean-Brevelay, St-Martin-en-Bresse, St-Loup, St-Flour, St-Vaury, Sallanches, St-Julien, St-Nicolas-du-Pelem, St-Paul, St-Justin, St-Martin-de-Seignaux, Soro, Soustons, St-Amand, St-Malo, Souppes, St-Fargeau, St-Hilaire-du-Harouet, |St-Sauveur-Landelin, Soudeval-la-Barre, Sottevast, St-Naraire-Valentane, St-Anto-nin, St-Nicolas, St-Aubin, St-Lothain, Sellières, Sables-d'Olonne, St-Authème, St-Gilles, St-Jean-de-Monts, St-Hilaire-des-Loges, Serqueux, St-Genil-Laval, St-Fons, St-Pol-de-Léon, Ste-Thegonnec, Sègre, St-Hilaire-St-Flirent, Saumur, St-Zenoy, Salon, Serres, St-Martin, St-Amand-sur-Sèvres, St-Georges, Sarge, Sannois, St-Germain-en-Laye, Sarnaly, St-Cyr-sur-Mer, St-Laurent de la Salenque, Senlis, St-Chamond, St-Julien-Molin-Molette, Sury-le-Comtal, St-Bonnet-le-Chateau, St-Genest-Malifaut, St-Heaud, Sombernon, Saulieu, Serrigny, Sémur-en-Hixois, Savigny-les-Beaune, St-Rémy-sur-Durolle, St-Quentin-Fallavier, St-Priest, St-Girons, Saurat, St-Lizier, St-Jean-du-Gard, St-Gilles-du-Gard, St-Hippolyte-du-Fort, St-Jean-Pied-de-Port, Sauveterre, St-Etienne-de-Baigony, St-Agnan, Sauvignes, St-Léger-par-Beuvray, St-Germain-de-la-Coudre, St-Paul Cap-de-Joux, St-Loup. St-Symphorien-sur-Oise, Santenay, St-Firmins, St-Foy-les-Lions, Salles-de-Béarn, St-Julien-en-Jarey, Samoens, St-Just-en-Chaussée, Sixt, Ste-Frichoux, Sens.

Les Maires de Tours, Tillières-sur-Avre, Tièblemont, Talence, Tréport, Terminier, Theix, Tréguier, Tuchan. Tarbes, Tourlaville, Tessy-sur-Vire, Torigny, Talmont, Tessain-la 1/2 Lune, Tauriac, Tarare, Trest, Thizy, Taule, Tierce, Toul, Tramayes, Troyes, Trausse, Toulon.

Les Maires de Vannes, Vernon, Vanvres, Villejuif, Vitry-le-François, Vayrac, Virien-le-Grand, Vimou-tiers, Villemur, Vic-Fezensac, Vernoux, Viviers, Vallon, Vendœuvres, Vittel, Vic-la-Gardiale, Vendargues, Vendres, Vorey, Vanvilliers, Valdhon, Vuillafans, Venaco, Viray, Villeneuve-de-Marsan, Vouvray, Vincennes.

LETTRES

DU

SECRÉTAIRE GÉNÉRAL

au Gouvernement et au Parlement

La France, au cours de la Guerre, a eu 5 Ministères différents, qui furent, dans l'ordre, les Ministères :

VIVIANI, BRIAND, RIBOT, PAINLEVÉ, CLEMENCEAU.

De la volumineuse correspondance échangée entre le Secrétaire Général de la Ligue, et les membres du Gouvernement, du Parlement, des Commissions de l'Armée de la Chambre et du Sénat, et les différentes Directions administratives, nous ne pouvons donner ici, à titre d'indication et pour établir la rigoureuse continuité de pensée de notre Secrétariat, que les quelques documents suivants.

Ils sont d'ailleurs suffisamment explicites.

Aux Membres du Sénat

Paris, 29 Novembre 1916

Monsieur le Sénateur;

Nous avons eu l'honneur de vous adresser déjà diverses communications, au nom de la LIGUE AÉRIENNE FRANÇAISE qui compte parmi ses fondateurs et ses dirigeants plusieurs de vos éminents collègues de toutes opinions.

Nous reconnaissons volontiers que, depuis un an, des progrès importants (quoique tout à fait insuffissants) ont été réalisés par notre Aviation, en ce qui concerne les opérations sur le Front. Mais nous voulons aller plus loin. **Nous souhaitons que la France porte effectivement la guerre chez l'ennemi.**

L'Allemagne s'est notamment proposé la destruction de Londres et de Paris. Sans cesse elle nous menace en outre d'une guerre sous-marine contraire au droit des gens.

A cette guerre sous-marine implacable, nous entendons répondre par une guerre aérienne sans merci.

Cette guerre nouvelle s'impose d'ailleurs en vertu de considérations capitales, parmi lesquelles sont les suivantes :

1° Nous avons l'obligation de défendre par tous les moyens la vie et les biens de nos compatriotes envahis ou prisonniers. L'Allemand tient entre ses mains d'immenses et précieux otages. Nous estimons donc que la victoire qui le refoulera hors de chez nous sera une victoire dangereuse, s'il entraine avec lui les populations françaises toujours captives. De tels gages représentent pour lui une assurance contre la défaite.

Cependant l'Allemagne s'enorgueillit de demeurer hors de portée et inviolable. Nos gages, nous les trouverons donc en Allemagne même, en enlevant à ses populations le sentiment de la sécurité.

2° Les actuels moyens d'offensive (ceux des ennemis comme les nôtres) sont encore insuffisants pour obtenir des actions stratégiques décisives, ainsi que semblent le démontrer surabondamment les lents et sanglants événements de la Somme après ceux de Verdun et ceux de l'Yser. C'est pourquoi l'effort de l'artillerie de terre frappant les lignes combattantes doit être conjoint à l'effort de l'artillerie de l'air désorganisant les lignes arrières dont les premières sont tributaires.

3° Chacun de nos villages repris est un village détruit... Au prix du terrain reconquis, qui ne s'arrache que par lambeaux, nos armées, quand elles reverront nos frontières ou apparaîtront enfin sur le Rhin, ne seront plus que des armées squelettiques.

A ce moment, la sécurité de la France victorieuse et exangue reposera toute entière sur la loyauté de ses Alliés, beaucoup moins éprouvés qu'elle-même. (1)

Et quel sera le lendemain de notre race, décapitée de ses meilleurs hommes?

Il faut, si possible, ménager le sang français.

Or, la constitution (au cours de cet hiver, et en vue de la prochaine campagne d'été) d'une Armée de l'Air de 30.000 hommes, disposant de 5 à 6.000 grands Avions d'Escadre (2), permettrait des destructions formidables au sein des villes, des usines, des formations militaires de toute l'Allemagne de l'Ouest. Les plus grands résultats pourraient être alors obtenus, avec un minimum de pertes.

---

(1) Ce passage ressemble fort à une prophétie trop bien réalisée.
(2) C'est-à-dire : à la fois Avion de bataille et de bombardement, d'un nouveau type Nancy-Essen ou Salonique-Bucarest.

Cette méthode de guerre, non encore envisagée dans toute son ampleur par les autorités, doit être réalisée par l'Armée française, attendu que ses Alliés disposent de réserves considérables pour la guerre de tranchées. **Elle constitue en outre une des solutions de la crise des effectifs.**

Pour ces raisons, nous nous sommes fixés le devoir d'essayer d'atteindre ce but par une pression incessante auprès des Pouvoirs Publics.

De même, nous croyons devoir soumettre ces hautes considérations patriotiques, d'ordre uniquement réaliste, aux défenseurs des intérêts français et aux chefs de l'opinion française.

Veuillez agréer, Monsieur le Sénateur, les assurances de ma considération la plus distinguée.

Signé : Le Secrétaire Général.

Aux Membres de la Chambre

Paris, 6 Décembre 1916.

Monsieur le Député,

Le Comité Secret, qui fixe l'attention du pays, peut faire naître des décisions nouvelles. Il nous parait donc opportun de soumettre à tous les membres du Parlement les quelques considérations supplémentaires suivantes :

L'esprit d'offensive des chefs civils et militaires des Alliés n'est pas apparent. En France notamment l'effort utile pour atteindre et détruire, dans l'Allemagne de l'Ouest, les principales formations militaires et les principaux centres de fabrication de l'ennemi n'a jamais été clairement envisagé. L'effort pour atteindre et détruire de même, après un ordre d'évacuation, les grandes villes allemandes qui se proclament inviolables, n'a pas été envisagé davantage.

Ainsi, maître chez lui et maître chez nous, sans crainte aucune de terribles représailles possibles, l'ennemi a été criminellement laissé libre de transformer en bétail humain les Français et les Françaises des pays envahis. De là, en effet, les déportations dont nous souffrons tous dans notre cœur et dans notre orgueil.

En outre, les otages qui nous sont ainsi arrachés constituent pour l'Allemagne une « assurance contre la défaite totale. » Vaincue, il lui restera encore de dangeureuses armes pour parlementer.

Il faut donc aller chez l'ennemi. La voie aérienne est la seule qui nous soit ouverte. Je demande donc la constitution d'une Armée de l'Air permanente de 30.000 hommes, disposant de 4 à 5.000 appareils, créée et entrainée - en dehors de l'organisation déjà existante et qui ne vise que le Front - pour l'attaque des usines, des villes, des convois de l'ennemi.

On doit raisonnablement attendre des opérations méthodiques, incessantes, d'une telle Armée, les plus éclatants résultats matériels et moraux.

L'Allemagne, enivrée de victoires, a besoin de sentir la terreur pénétrer enfin chez elle. La France, non encore victorieuse, a besoin de vaincre à son tour, et de conquérir la première cette suprématie de l'air qui vaudra bientôt la suprématie des mers.

Il n'y a pas de crise des effectifs, quand on est 10 et bientôt 12 combattants contre 7. Il y a crise d'organisation, de prévoyance et d'audace.

On remarquera que, dès la fin de 1914, l'Allemagne barrée par la flotte anglaise ne pouvait sortir de chez elle. Et nous, barrés par les tranchées, nous ne pouvions rentrer chez nous. Les deux adversaires avaient chacun un barrage différent à franchir. Il y a eu là équivalence de problème.

L'Allemagne a tenté, non sans quelque succès, de résoudre le sien en créant des sous-marins qui vont jusqu'en Amérique et jusqu'en Grèce. Elle est passée hardiment par dessous l'obstacle.

La France, elle, doit passer par-dessus l'obstacle en créant des Avions bien enrégimentés pour aller frapper Munich, Cologne, Essen, les ponts du Rhin... etc... Or, deux années d'études approfondies nous permettent d'affirmer que la prompte constitution de cette armée spéciale, autonome, ne comporte aucune impossibilité matérielle.

Sans elle, des hécatombes humaines seront ordonnées sans résultat.

Sans elle, au printemps prochain, notre Creusot succombera peut-être avant Essen, et Paris avant Cologne.

Je vous prie, Monsieur le Député, d'agréer mes respectueux sentiments.

Signé : Le Secrétaire Général.

P. S. — Nos organes actuels de production (c'est-à-dire les Constructeurs) fournissent, semble-t-il, leur effort maximum en réalisant la fabrication de 6 à 700 appareils de types divers en un mois (695 en novembre 1916).

On espère, et il faut le souhaiter, qu'ils atteindront bientôt une production mensuelle de 11 à 1200 appareils.

Pour répondre aux besoins réels des armées, ce chiffre devrait, en réalité, pouvoir être doublé pour les opérations, *sur le Front* et *hors du Front*.

Aux Présidents du Conseil

A Monsieur Alexandre RIBOT
Président du Conseil des Ministres

Paris, 23 Juin 1917.

Monsieur le Président,

L'Amérique se prépare à engager la véritable guerre aérienne, dont je défends l'urgence depuis 1915 en fournissant d'ailleurs (par les remarquables travaux de notre Centre d'Études) les moyens techniques de la réaliser.

Mais des prétextes, dérisoires en face de la grandeur du but, masquent chez nous les vélléités trop peu efficaces des Pouvoirs Publics, qui laissent toujours dominer sur notre Front unique un adversaire combattant, lui, sur trois Fronts.

A nos Alliés reviendra donc (l'année prochaine) l'extrême honneur de porter peut-être la guerre en territoire ennemi, d'atteindre enfin ses arsenaux terrestres et maritimes, d'aveugler et de ruiner l'armée allemande.

En effet, vous avez certainement été frappé déjà par les déclarations non démenties de l'Amiral PEARY si bien d'accord avec celles du Comité anglais d'Aviation.

Sans aller aussi loin que l'Amiral américain, il est sans doute permis d'admettre que si, depuis un an surtout, les immenses sacrifices en hommes, en matériel et en argent, consentis sur le sol français pour des offensives terrestres à peu près sans résultats, avaient été résolus en vue d'offensives aériennes de grande envergure, il n'y aurait plus d'avions allemands sur notre Front. Et au-delà du Front, nous aurions consommé la ruine des principaux Arsenaux et Entrepôts de l'Allemagne de l'Ouest, et jeté la panique parmi ses populations.

Au lieu de cela des rivières de sang ont coulé inutilement et l'Allemagne n'est encore touchée en aucun de ses points vitaux.

La compréhension de ces faits irrite et démoralise nos troupes. Elles ne continueront la guerre du même cœur qu'avec le réconfort d'une victoire — qui ne sera pas un massacre des nôtres.

Mais la victoire n'appartiendra qu'aux maîtres de l'air. Il y a deux ans, je me permettais d'écrire déjà : « La suprématie des airs devient aussi enviable que la suprématie des mers ».

Le comité de Guerre doit sans doute envisager enfin l'organisation de l'offensive aérienne en pays ennemi. Les Français de l'avant ne peuvent plus attendre.

J'ai l'honneur d'adresser aussi la même lettre à M. le Ministre de la Guerre.

Je vous prie de vouloir bien agréer, Monsieur le Président, mes plus respectueux et dévoués sentiments.

Signé : Le Secrétaire Général.

P. S. — Vous n'ignorez point que la L. A. F. ne s'est nullement contentée de dire par exemple : pour abattre l'armée allemande il faut aussi détruire Essen; pour paralyser la guerre sous-marine il faut aussi détruire Kiel et Hambourg. Son Centre d'Études a cherché et établi, croyons-nous, les appareils utiles à ces vastes entreprises : l'Avion d'Escadre contre Essen; l'Hydravion-Torpilleur ou de Bombardement contre Kiel.

Ils distancent de loin les appareils similaires en service.

A Monsieur G. CLEMENCEAU
Président du Conseil des Ministres
(Ancien Président d'honneur de la L. A. F.)

Paris, 1918

Monsieur le Président,

...Nous en avons assez d'être battus et contents !

...La trahison de la Russie, capitulant à BREST-LITOVSK, honteusement vaincue par elle-même, vendue à l'empire Allemand par ses « libérateurs » maximalistes, fait retomber sur notre front presque tout le poids de la guerre.

Les divisions boches rappelées de l'Est vont naturellement refluer vers l'Ouest. L'initiative des opérations reste plus que jamais entre le mains de l'ennemi. **Chacun attend ici le choc des 4 monarchies coalisées. (1)**

Contre cette éventualité, vous avez pris de fortes précautions militaires. Elles sont d'ordre défensif. Elles aboutiront donc, sans doute, à une défensive victorieuse.

Mais jamais une défensive victorieuse n'a seule donné la victoire. L'ennemi après de formidables hécatombes, pourra se briser contre nos lignes, et demeurer là, épuisé et rompu. Il n'en restera pas moins soudé à notre territoire.

Sommes-nous donc à jamais condamnés à ces magnifiques « défensives victorieuses » de l'Yser et de Verdun, desquelles ne peut sortir aucun résultat décisif ? Ou bien devons-nous tenter, en Alsace ou ailleurs, une nouvelle offensive de la Somme dans des conditions peut-être encore bien moins bonnes qu'en Avril dernier ?

...Si la stratégie terrestre nous offre donc un champ d'action dangereusement limité, par contre la stratégie aérienne ne nous offre aucune contrainte absolue — sinon celle que nous imposerait notre propre défaut d'imagination et de volonté.

...Le cœur de l'Allemagne, nous l'avons dit ensemble, est à Essen, et aussi dans ses autres arsenaux de l'Ouest.

Contre eux, et contre ses principales voies de communication, je demande une fois de plus que les tentatives de destruction par nos Avions — cette fois-ci assez bien outillés pour agir — soient inlassablement répétées.

Il est temps encore d'organiser les « Vagues d'assaut aériennes » car l'ennemi n'est pas encore beaucoup mieux outillé que nous. Dans quelque mois, il sera décidément trop tard, et c'est nous qui supporterons alors les terribles effets de la guerre aérienne.

. . . .

Veuillez agréer, Monsieur le Président, l'assurance de mes respectueux et bien dévoués sentiments.

Signé : Le Secrétaire Général.

---

(1) A peu de temps de là en effet, Ludendorf parvenait à creuser dans nos rangs, ces énormes et fameuses. "poches" qui le ramenèrent si près de Paris, à travers des monceaux de cadavres.

A Monsieur G. CLEMENCEAU (1)

Président du Conseil des Ministres

(Ancien Président d'honneur de la L. A. F.)

Paris, 21 mars 1919

(Après l'Armistice)

Monsieur le Président,

Le Conseil suprême des Alliés tient toujours entre ses mains, bien mieux peut-être que la future Société des Nations, la question de la paix ou de la guerre dans l'avenir. Il déterminera en effet la loi à imposer à l'Allemagne en matière d'aéronautique.

Or, les guerres futures, si elles éclatent, prendront dès le premier jour un caractère terrible (inconnu même de la guerre que nous venons de vivre...) par le seul fait de l'entrée en ligne des escadres aériennes qu'il faut prévoir.

Car il faut prévoir que, d'ici peu d'années, ces escadres (escadres de combat ou escadres de commerce) auront atteint un développement tel que leur intervention contre les centres vitaux de la nation « aéronautiquement » inférieure déterminera des résultats écrasants et irrémédiables.

Vous pouvez maintenant rédiger tels accords théoriques qu'il vous plaira, sous forme de Société des Nations ou autre, entre tous les pays de l'Entente, pour effrayer les agresseurs futurs ; vous pouvez notamment priver l'Allemagne de son Académie de Guerre et de son Etat-Major ; vous pouvez la forcer à disposer seulement de 100.000 soldats de métier qui seront demain d'ailleurs 100.000 officiers et sous-officiers merveilleusement aptes à commander 2 ou 3 millions de combattants pour la plupart déjà entraînés par la dernière guerre ; vous pouvez lui enlever ses sous-marins, ses canons, même ses fantassins. Et du reste vous ne lui enlèverez jamais tout cela pour bien longtemps.

Vous laisserez néanmoins ce peuple avide et conquérant en état de nous surprendre, s'il le veut, et de créer chez nous en peu de jours des ruines immenses, s'il ne lui est pas interdit de construire des **appareils aériens quelconques**.

Mais si par contre cette interdiction est effective, elle suffira pour le rendre à jamais impuissant.

Nulle nation, dans l'avenir, n'osera entreprendre la guerre si elle sait que, dépourvue de toutes forces aériennes, elle se trouve incapable de frapper d'abord son ennemi aux points essentiels, alors qu'elle lui offrira par contre son cœur nu.

---

(1) A ce moment, où s'élaborait le traité de Versailles, M. Clemenceau avec un infatigable courage luttait seul contre trois et il luttait dans un état d'infériorité terrible, car la France demeurait encore (pour le charbon, le blé, l'argent etc...) tributaire de ses Alliées.

M. Clemenceau combattait contre eux les mains liées derrière le dos... Certes ! dans de telles conditions, comment eut-il obtenu tout ce qu'il voulait ?

La seule conscience de cette infériorité décisive doit mettre à jamais l'Allemagne hors de cause en tant que puissance guerrière.

Voilà pourquoi il me semble que la Conférence est réellement en mesure d'assurer ou de compromettre sur ce seul chapitre, la paix de l'Europe.

Il n'y a plus de guerre possible sans avions. La fabrication des avions est la plus facile à contrôler et à interdire. Mais pour cela il ne doit y avoir aucune équivoque dans vos décisions. Or, le projet de Règlement publié contient precisément une équivoque, qui est une porte ouverte à toutes les aventures et à toutes les contestations.

Il me semble donc que ce Règlement ne saurait demeurer tel dans un Traité définitif.

Je vous prie de bien vouloir agréer, Monsieur le Président, l'hommage de mon respectueux dévouement,

Signé : Henri SABARTHEZ.

P. S. — Dans une lettre que j'avais l'honneur de vous adresser en Décembre dernier, je plaidais pour la constitution d'un MINISTÈRE DE L'AIR. Sa non-création est sans doute une des raisons principales de notre actuelle et grandissante infériorité vis-à-vis de nos alliés eux-mêmes.

Je vous demande donc cette fois-ci la permission, Monsieur le Président, d'adresser duplicata de cette lettre (**écrite en mon nom personnel seulement**) à MM. les membres du Parlement et aux principaux quotidiens.

EXTRAITS

des

Rapports du Secrétaire Général

―――――――

*D*es nombreux Rapports ou Etudes fournis en outre par le Secrétaire
*Général de la Ligue et Directeur de son Centre d'Etudes, nous
détachons les extraits suivants, écrits dans le premier semestre de 1916.*

―――――――

La Guerre Moderne et l'Avion de Bombardement

...Au cours de cette guerre, l'Avion a révélé ses précieuses qualités, et il est devenu un indispensable instrument de combat. Sans lui les canons seraient souvent aveugles; les généraux également.

Les appareils de réglage de tir et de reconnaissance, ainsi que leurs adversaires les appareils de chasse, rendent donc d'éminents services. Mais il semble qu'un rôle — peut-être décisif — puisse être joué par les Avions de bombardement, rapides et à grand rayon d'action, s'ils sont employés en grande masse.

La constitution d'une puissante flotte, homogène et autonome, de 5.000 avions (Manifeste des Fondateurs de la Ligue du 25 Octobre 1915), doit être mise en œuvre sans délai, en vue de porter enfin la guerre chez l'ennemi.

Ce fut l'idée initiale et originale de la « Ligue Aérienne Française ». Elle doit tenter de la faire aboutir avant toute autre.

Cette conception est rendue réalisable par les capacités actuelles de certains types d'Avions, et par les vertus destructives de certains types de Bombes aériennes (1).

Nous sommes véritablement en mesure d'envisager l'attaque directe par la voie des airs, de Mayence, Francfort, Ludwigshaffen, Essen, etc... Or le cœur de l'Allemagne est à Essen.

La Menace sur Paris

Pour des raisons peut-être meilleures encore, l'ennemi est de même en mesure d'envisager la destruction de Paris.

En effet, si l'impossibilité lui est démontrée, à Verdun ou ailleurs, de briser le cercle formant notre Front, et s'il est vrai, d'autre part, qu'une solution prompte s'impose à lui plutôt qu'à nous, il sera nécessairement amené à chercher cette solution en frappant le coup le plus meurtrier le plus retentissant possible : en atteignant Paris.

Du camp de Sissonne à Paris il y a environ une heure de vol. Dès le moment où l'Allemagne grouperait en cet endroit, par exemple, quelques milliers d'avions (dont la construction en quelques mois ne constitue nullement un tour de force) elle tiendrait la Capitale à sa discrétion.

En aucune manière, nos moyens de défense terrestre ne pourraient s'opposer utilement à une série d'attaques aériennes ainsi exécutées. A 2.500 mètres, ou à 3.000 mètres, par un temps à peine brumeux, les Avions filant à 100 ou 150 kilomètres à l'heure sont invisibles dans le vaste ciel.

En aucune manière également, nos Escadrilles du camp retranché, mêmes quadruplées, ne pourraient vaincre l'élan d'escadres successives, d'ailleurs armées elles-mêmes pour le combat aérien.

Ainsi, le bombardement de Paris, par 15 ou 20 mille bombes, entasserait, en une matinée, des ruines immenses. L'évacuation totale devrait être immédiate.

Et l'ennemi n'obtiendrait-il que ce dernier résultat qu'il n'en aurait pas moins remporté une sensationnelle victoire.

L'œuvre de défense nationale serait en outre gravement frappée, attendu qu'un très grand nombre de fabriques de munitions occupent la banlieue parisienne.

Nul ne saurait donc négliger l'hypothèse d'un tel péril.

A ce même péril de destruction systématique seraient évidemment exposées aussi toutes les formations (civiles ou militaires) importantes, situées à proximité du Front.

Enfin la résistance morale de l'Armée et de la Nation subirait, par ces faits, le plus redoutable assaut.

Notre attaque des Centres Vitaux

Par contre la France affirmera une irrésistible supériorité matérielle et morale sur l'ennemi si elle dispose la première d'une Armée Aérienne capable d'engager la véritable guerre de l'air.

A son tour, elle pourra enfin choisir ses buts.

----

(1) Nos Avions utilisent généralement des obus de 75, de 90 ou de 120, dont les effets sont insuffisants. L'obus de 220 par contre est vraiment efficace contre un arsenal, une gare, une redoute, une citadelle. Mais il pèse 125 kilos de mélinite. Ce poids permet à un avion d'en emporter un à bord, rarement deux.

Par contre, la Bombe Aérienne de 50 kilos peut contenir 30 kilos de Panclastite. Or, la puissance brisante de cette bombe ainsi chargée vaut environ 3 fois celle de l'obus de 220. Cela revient à dire qu'un seul de ces engins peut abattre plusieurs immeubles.

(On en imagine aussi la force de pénétration quand on sait qu'une petite fléchette de 30 grammes, tombant de 1.800 mètres représente 34 kilogrammes « d'effort de percussion », ce qui revient à dire qu'elle traverse aisément un casque et la boîte crânienne.)

Suivant la distance à parcourir, un Avion de Bombardement peut naturellement emporter 6, 8 ou 10 bombes à son bord. Il représente aussitôt une force redoutable. Mais sans doute fera-t-on mieux bientôt !

Elle pourra atteindre l'Allemagne chez elle et prendre sous son feu toute la rive droite du Rhin.

Chacun peut aisément concevoir l'importance de quelques-unes des cibles à choisir, et la valeur des coups qui leur seraient portés :

Essen est à 300 kilomètres environ de Nancy. Donc Essen et vulnérable. Des avions tenant l'air aisément pendant 800 kilomètres sans escale peuvent atteindre la cité des canons, la frapper et la détruire — s'ils sont en nombre. Car les opérations par petits groupes peuvent être d'abord arrêtées par les groupes ennemis; elles ne produisent en outre que des dégâts partiels, réparés le lendemain.

Dans l'air, comme sur la terre, les grands résultats seront obtenus par les grandes massses.

La destruction d'Essen est une grande victoire possible. Et elle ne coûterait pas deux ou trois cent mille hommes... Dès maintenant c'est là qu'il faut viser.

D'autre part, dant quel désordre, dans quel péril se trouveraient placées les troupes qui menaçent les nôtres, dans le cas où des expéditions parviendraient à rompre, en certains points, et à rendre impraticables les grandes lignes ferrées sans lesquelles ne peuvent agir et vivre les grandes armées modernes. Par exemple : les lignes Mulhouse-Strasbourg et Strasbourg-Metz, Metz-Mézières et Mézières-Cambrai, qui sont les grandes voies parallèles ; ou les voies verticales de Namur à Rethel, de Dinan à Laon, de Maubeuge à la Fère, de Bruxelles à Arras, de Gand à Lille, etc...

Les ponts du Rhin seraient des objectifs tout aussi intéressants, ainsi que les arsenaux, ainsi que les usines où s'alimente la force allemande. « Puisqu'on nous fait une guerre d'usines, avons-nous déjà dit, frappons les usines ».

L'attaque de la flotte allemande dans Kiel, où elle offrirait une cible remarquable, peut être utilement tentée aussi pas des hydravions transportés à proximité des côtes par la flotte anglaise.

Enfin si nous regardons vers le Front Balkanique, nous constaterons que Salonique constituerait, dès maintenant, un centre actif et non passif, si le Commandement disposait là-bas de quelques centaines d'avions de bombardement.

Sur la grande ligne (la ligne unique) Budapest-Sofia-Constantinople, on voit que Philippopoli se trouve située à moins de 200 kilomètres de Salonique. La gare de Philippopoli peut donc être détruite, et la voie ferrée rompue en plusieurs endroits sur plusieurs kilomètres. Chaque raid peut la rendre plus inutilisable encore. Dès lors la grande artère qui unit la Germanie et la Turquie se trouverait coupée.

*
* *

...Etroitement bloquée par l'Angleterre dans ses ports inutiles, l'Allemagne, fort audacieusement, fort méthodiquement, tente à son tour de bloquer l'Angleterre en multipliant ses sous-marins. Avec une ingéniosité et une ténacité inlassables, elle tente en outre de couper les voies de communications maritimes des Alliés. (1)

Les Alliés — bien plus sûrement, bien plus aisément peuvent atteindre et rompre les grandes voies de communications terrestres de l'Allemagne.

Pour obtenir de telles opérations les résultats réels qu'il est permis d'escompter, il faut frapper fort, et frapper chaque jour, par groupes compacts et en quelques points bien déterminés.

Ce faisant, la France ne réalisera pas seulement des destructions retentissantes et meurtrières. Elle exercera aussi de puissants effets de terreur sur une population qui a la prétention insolente de se croire inviolable, mais dont les capacités de résistance s'effondreront dès l'instant que nous lui enlèverons le sentiment de la sécurité.

____

(1) Elle se vente de couler 10.000 tonnes de bateaux alliés chaque jour.

Offensive interdite ou permise

La Guerre Aérienne, conduite avec l'ampleur qui convient, engendre, au surplus, des conceptions plus étendues dans l'ordre stratégique.

Les grandes escadres d'Avions, apparaissant en temps opportun sur les lieux de l'attaque ou de la défense, pourront permettre ou interdire les actions décisives.

En effet, on peut justement concevoir que si le Commendement français avait pu disposer, en Février 1916, de la Flotte Aérienne que nous souhaitons, la sanglante bataille de Verdun n'aurait pas eu lieu, ou bien se serait engagée et déroulée dans d'autres conditions.

Pendant les semaines qui précédèrent l'attaque, l'ennemi a pu, en toute sécurité, rassembler aux arrières les plus puissants moyens d'action. Peut-être ses préparatifs aurait-ils échoué si des rondes quotidiennes d'avions armés d'explosifs violents avaient bombardé sans arrêt, entre Verdun et Metz, ses immenses concentrations d'hommes, de provisions et de matériel.

D'autre part, et pendant la bataille elle-même, la situation de l'assaillant aurait été rendue infiniment plus critique si notre artillerie aérienne avait pu arroser de bombes ses troupes d'attaque, ses réserves et convois, et balayer le ciel de ses appareils d'observation.

*
* *

Dès lors n'apparait-il pas que toute grande bataille sera (dans une certaine mesure) rendue à peu près impossible à préparer et à soutenir pour celui des combattants aquel pourra être opposé une forte armée aérienne ?

Pour l'attaque comme pour la défense, une « préparation aérienne » soutenue et méthodique, atteignant l'adversaire sur toute la surface de son champ d'action, de l'avant à l'arrière, transformera vraisemblablement les conditions du combat.

Aucune bataille ne pourra être prolongée par des troupes soumises aux bombardements simultanés de l'artillerie de terre et de l'artillerie de l'air.

Pour rompre l'ennemi, les méthodes actuelles d'offensive ont été reconnues insuffisantes, sur l'Yser, en Artois, en Champagne, à Verdun. En conséquence les stratèges vont être amenés sans doute à adjoindre à leurs canons et à leurs fantassins la coopération redoutable des Avions de Bombardement. L'occupation du « ciel de l'ennemi » sera une nécessité tactique de demain.

Pour vaincre il faut avancer. Et c'est une tendance naturelle dans tous les cas (et souvent une impérieuse nécessité), quand on ne peut ni enfoncer ni tourner l'obstacle, d'essayer de le franchir.

On peut donc prévoir que cette conception logique s'imposera d'abord à celui des deux combattants qui ne voulant pas ou ne pouvant pas se contenter d'un éternel et funeste statu quo, essayera à nouveau d'abatte un pan de muraille ennemie, sans vouloir risquer d'immenses massacres.

Il peut ainsi envisager la victoire. L'autre est d'avance soumis à la défaite, ou bien à d'effrayantes saignées.

L'Effort et le But

La course vers la suprématie de l'air est ouverte.

Elle aboutira à un énorme développement de l'Aéronautique. Et la croissance de l'Aéronautique sera ainsi plus rapide et plus décisive sans doute que la croissance de l'artillerie. *Il est d'ailleurs plus facile, industriellement, de construire cinq mille grands avions que de fabriquer cinq cent gros canons.*

La France doit prendre l'avance et la garder.

~ 30 ~

Son initiative, sa supériorité dans ce domaine, peuvent et doivent s'affirmer avec éclat.

(Et ici, il convient que les hommes de l'arrière se souviennent sans cesse que les hommes de l'avant, eux, se font tuer pour nous défendre, et qu'ils ont le droit d'exiger que le maximum de moyens doit mis à leur disposition).

Mais pour cela nous devons atteindre d'un seul coup la suprématie de l'air.

Nous devons gagner d'un seul coup une telle distance que l'ennemi ne puisse nous rattraper à temps.

Nous devons écraser par le nombre notre adversaire dans la lutte pour l'espace, ainsi qu'il avait tenté d'abord de nous écraser dans la lutte sur terre.

. . . .

Sinon, c'est la France qui devra supporter les terribles effets de la guerre aérienne.

En présence de telles probalités, la principale raison d'être de la Ligue Aérienne Française est de déterminer les Pouvoirs Publics à doter la France, la première, d'une puissante flotte aérienne de « manœuvre » et « d'offensive ».

La France, partiellement saccagée et vaincue, veut des représailles, et veut une victoire.

Aux bombardements de Reims et de Verdun doit répondre le bombardement de Francfort et d'Essen. **Il faut que l'existence des villes Allemandes réponde, à toute heure, de l'existence des villes Françaises.** C'est le moyen de prendre enfin la défense des Français et des Françaises qui sont restés de l'autre côté du Front. Car nos compatriotes demeurés sous le joug ne seront vraiment un peu à l'abri des coups et des outrages que dès le moment où nous serons en mesure de menacer de mort, à notre tour, la population allemande.

Ne pas atteindre l'ennemi dans ses œuvres vives, se serait d'ailleurs éterniser la guerre ; ou bien, ce serait terminer ce drame immense dans la médiocrité néfaste d'une paix boiteuse, qui engendrerait à peu de distance la reprise des hostilités.

Ces éventualités ne peuvent être admises par le Parlement Français.

. . . .

L'Etat a établi des Programmes d'Aviation tendant au développement de nos Forces aériennes en service sur le Front, et auxquels s'adaptent les différents types d'Avions en service ou à l'étude : **Avions d'observation, de chasse, de bombardement.** Ces programmes manquent encore de précision et d'ampleur (et tout le monde est d'accord pour qu'ils soient améliorés) puisque nous ne dominons pas l'ennemi. La supériorité de l'homme est manifeste chez les français, mais non pas la supériorité du matériel. Au surplus, les opérations actuelles ne constituent pas la véritable Guerre Aérienne.

En conséquence, la Ligue demande, supplémentairement, la réalisation d'un **programme distinct,** c'est-à-dire la constitution d'une Armée Aérienne de manœuvre et d'offensive, formée de 4 à 5.000 appareils homogènes et à grand rayon d'action, afin de porter la guerre en territoire ennemi. Entrer de vive force en Allemagne, c'est le vœu universel de tous les Français.

De ces constatations diverses il résulte à peu près que cette guerre ne finira pas sans que, d'une manière ou d'une autre, les Français envahissent l'Allemagne.

Ils l'envahiront d'abord par la route des airs, aux acclamations de la Nation. Et nul n'admettra que l'acte d'organisation à accomplir pour cela est au-dessus des forces d'organisateurs dignes de ce nom, et de patriotes décidés à l'action.

. . . .

L'ORGANISATION
D'UNE ARMÉE AÉRIENNE

UN PLAN D'ENSEMBLE

L'Arsenal et les Pilotes

Paris, Avril 1916.

Les Programmes établis par l'Etat ont leurs exécutants, qui sont les constructeurs. Ils agissent — chacun selon ses moyens — sous le contrôle de Chalais-Meudon qui distribue et dose les commandes et les matières premières.

Pour la réalisation du Programme distinct proposé par la Ligue nous demandons la Création d'un *Arsenal spécial indépendant.*

Les Dossiers de la Ligue réunissent maintenant les éléments utiles à une production quotidienne moyenne de cinquante à cent Avions d'un même type.

Pour atteindre ce résultat qui donnerait à la France, dans un court délai, un véritable instrument de domination, il semble qu'il faille, non seulement favoriser toujours davantage les ateliers déjà en fonctions, mais aussi se rapprocher du plan esquissé par le signataire de cet Exposé dans le *Petit Journal* du 20 Janvier :

« ...Pour réaliser notre but essentiel, il faut naturellement déterminer d'abord l'Avion le plus capable de franchir le Rhin, de planer sur l'Allemagne, de la frapper et de revenir.

« Il faut ensuite (et c'est là le point) qu'un puissant arsenal sorte de terre, en un lieu approprié, et que l'avion choisi y soit fabriqué en grandes séries ainsi que se fabriquent ailleurs des montres ou des locomotives.

« On ne peut songer, en effet, à fabriquer en grandes séries, que si l'on dispose d'ateliers construits dans ce but, c'est-à-dire d'un *arsenal spécial,* qui peut seul faciliter la coordination rigoureuse des matériaux et de la main-d'œuvre, sous une surveillance exacte, et une responsabilité déterminée.

« Les constructions de cet ordre sont légères, en fer et tôle ondulée, et comportent une série de halls de faible élévation mais de très grande surface. La question du terrain joue d'ailleurs ici un rôle capital, mais nous pensons pouvoir la solutionner heureusement.

« Il faut enfin, pensons-nous, qu'un chef unique — un industriel, un véritable « usinier » — muni de tous les pouvoirs et de toutes les responsabilités, dirige librement cette fabrication méthodique et intensive, que nous devons pouvoir fixer à cinquante avions par jour.

« D'autre part, à côté de cet arsenal spécial — et pour qu'il n'y ait plus entre le fournisseur, le réceptionnaire et le pilote, aucun flottement, aucun malentendu d'aucune sorte — nous devons créer l'immense Aérodrome utile aux écoles Je pilotage et aux évolutions et expériences tactiques de cette flotte sans égale.

« L'appareil à sa sortie des ateliers, doit, en effet, pouvoir être immédiatement expérimenté, receptionné et remis entre les mains de son pilote.

« Les Pilotes doivent pouvoir procéder à toutes les manœuvres aériennes d'ensemble qui seront jugées utiles. Il ne saurait être question pour cela de les disperser dans les aérodromes déjà existants. Un régiment de cavalerie n'envoie pas ses escadrons manœuvrer aux quatres coins de la France. Il en doit être certainement de même — et pour de plus fortes raisons encore — pour les escadrilles qui formeront l'Escadre.

« Pour devenir une force homogène, maîtresse de sa manœuvre et de sa tactique, pour former le « bloc aérien » dont les coups seront d'autant plus forts qu'ils seront mieux groupés, cette Flotte nouvelle doit s'entrainer d'abord sous la direction du Chef qui aura ensuite la charge de la conduire au combat.

« Cette centralisation facilitera l'instruction des Pilotes.

« Elle facilitera de même la formation des cadres, encore inexistants, de notre Aviation, par la sélection qui s'établira aisément entre hommes travaillant ensemble, aux mêmes fins, dans une même main.'

C'est ainsi, sans doute, que pourra se constituer enfin une Armée aérienne régulière, avec des « escadrons volants » disciplinés et véritablement organisés.

« Les études déjà faites, et qui s'appuient sur les données fournies par des techniciens et des praticiens désintéressés et de grand mérite, nous indiquent qu'aucun élément matériel ne fait défaut. Elles précisent donc tout ce qui concerne : l'avion, l'arsenal, les matières premières, le terrain, la main-d'œuvre, l'outillage, l'école de pilotage et de combat, les appareils de sécurité, les projectiles et enfin la participation de l'Etat. »

L'Institut d'Aviation

La constitution de cette force militaire nouvelle préjuge en premier lieu le choix d'un appareil capable de remplir toutes les conditions de sa mission.

Afin de différencier cet appareil de ceux généralement en usage (et, en particulier, des actuels *avions de bombardement* le plus souvent lents et lourds, d'une force ascensionnelle ou d'un rayon d'action insuffisants), nous le désignons sous le nom d'*Avion d'Escadre.*

L'Avion d'Escadre peut prendre pour critérium le raid Nancy-Essen, qui représente environ 600 kilomètres aller et retour. Telle est donc la distance minima qu'il doit pouvoir fournir sans escale et en se maintenant à une hauteur suffisante (soit 2.500 m. en moyenne) l'invisibilité étant ici une condition évidemment essentielle de sécurité.

En outre, il doit emporter un important chargement de bombes. Il doit aussi, quoique devant opérer en nombre, représenter une valeur combattante effective par sa vitesse, son armement, sa stabilité, sa maniabilité. Il doit enfin être « usinable ».

Or, les essais militaires officiels d'octobre dernier nous ont révélé les performances de certains types d'Avions dont l'un deux, tout au moins, remplit les conditions utiles à un degré suffisant.

Cet avion a franchi 800 à 900 kilomètres sans escale à une vitesse moyenne de 130 kilomètres à l'heure à 2.000 mètres, emportant à son bord, avec toutes les provisions utiles à ce long raid, deux hommes, une mitrailleuse, 200 kilogs de bombes. Son prix ressort aux cours actuels, à 60.000 francs environ par unité.

Il représente donc un élément d'appréciation concret et exact.

Depuis on a trouvé beaucoup mieux.

Mais cependant la réalisation du moindre progrès se heurte, dans le labyrinthe des Bureaux (1) à d'infranchissables obstacles. Ainsi nous avons en mains les éléments les plus précieux et nous ne les réalisons pas.

Nos savants, nos inventeurs peuvent concevoir; nos administrations ne sont pas en mesure de réaliser!

En dehors de la création de l'Escadre Aérienne proprement dite dont l'Etat seul peut assumer toute la charge, il y a donc une œuvre d'extrême urgence à faire aboutir : la création d'un Centre d'Etudes et d'Essais; c'est-à-dire d'un *Institut d'Aviation*, ou du moins d'un « Centre d'Etudes Techniques et Pratiques. »

L'Angleterre possède des Usines-Laboratoires, grâce auxquelles les Anglais travaillant en dehors de tout esprit particulariste, regagnent leur retard et font peut-être mieux que nous.

Il y a aussi en Allemagne des Usines-Laboratoires, grâce auxquelles l'ennemi, ayant travaillé scientifiquement et en silence nous surprit dès le début des hostilités. Pour ses Zeppelins, il possède aussi, à Friedrichsaffen, ses bureaux d'études connexes à ses ateliers de réalisation. C'est le procédé que le bon sens indique... C'est un procédé que nous ne pratiquons pas, au contraire. Le Laboratoire de Saint-Cyr, où se réalisaient des expériences intéressantes, a été fermé en Août 1914, et jamais rouvert. Il nous reste le seul Laboratoire Eiffel, pour les études des pressions atmosphériques.

La Ligue doit créer un *Institut d'Aviation*, afin de mettre un terme à une situation manifestement absurde et dangereuse.

On ne peut, en effet, compter pour cela sur l'initiative et l'activité de l'Administration.

30 ou 40 bureaux se renverraient le dossier pendant six mois; puis ils révèleraient qu'aucun d'entre eux n'a qualité pour décider!

Mais la Ligue, après études faites, peut se charger de cette institution nouvelle, et en faire une œuvre indépendante et active. *Elle sera aussitôt en mesure de faire faire un grand pas à l'Aviation.*

. . . .

L'idée ainsi lancée allait aboutir.

---

(1) On ne compte pas moins, hélas! de 55 Bureaux qui se renvoient les dossiers

LA CRÉATION
D'UN CENTRE D'ÉTUDES
Techniques et Pratiques

Il était nécessaire et excellent de montrer du doigt Essen, Ludwigshaffen, Kiel... etc... où se concentraient les éléments de destruction forgés par l'Allemagne, et plusieurs esprits clairvoyants et audacieux pouvaient y songer aussi. Mais il était mieux encore sans nul doute, d'étudier et de présenter les engins capables d'atteindre ces buts.

En Octobre 1915, ces engins n'existaient pas encore. La Science Aéronautique savait qu'elle devait aller vite, mais elle balbutiait un peu, et tâtonnait. Elle rencontrait d'ailleurs de gros obstacles matériels, et par exemple le manque de certaines matières premières, notamment pour la construction des moteurs.

Mais surtout elle ne disposait pas de la puissance d'organisation et de création nécessaire, parce que l'Aviation demeurait malheureusement une arme de cinquième ordre, et, au surplus, semblait incapable de préciser le vaste plan d'ensemble et de détail qui l'aurait poussée au premier rang.

La *Ligue* ayant donné des conseils utiles voulut donc établir que ses théories n'étaient point chimériques.

En conséquence, en 1916, et à la demande de son secrétaire général, M. Henri Sabarthez, la constitution d'un « Centre d'Etudes Techniques et Pratiques » fut décidée.

M. Sabarthez en prit la direction, et toutes les pièces qui figurent à la suite, dans cet ouvrage, ont été établies sous sa responsabilité.

Il s'adjoignit d'abord un jeune et éminent spécialiste des questions d'Aéronautique, M. Robert Desmons, dont on constatera plus loin le labeur considérable. Sa qualité de « Chef des Travaux » du Centre valut en effet à M. Desmons la tâche d'en être le producteur le plus fécond, et il n'y faillit point. On peut dire que ses talents se sont exercés dans les domaines les plus variés et ont résolu dans un rare esprit de simplification les problèmes les plus ardus ; et que, au surplus, on le vit toujours égal pour le moins aux spécialistes les plus haut placés qu'il eut si souvent à affronter aux ministères de la guerre, de la marine, ou de l'aéronautique. Son œuvre personnelle est incontestablement la plus belle, au point de vue scientifique, qui soit sortie de « La Ligue Aérienne Française ».

S'il créa, à la demande de M. Sabarthez, l'Avion-Cuirassé, l'Hydravion-Torpilleur et la Turbine marine, son nom reste seul attaché au Coupleur d'Hélices, à l'Avion de Bombardement, à l'Avion de Bataille et au moteur à puissance variable.

LE COMITÉ TECHNIQUE

M. Sabarthez, d'autre part, s'entourait en outre d'un Conseil technique qui comprenait des hommes dont les noms se passent de tout éloge. Ce conseil fut donc ainsi composé :

M. Daniel BERTHELOT
(Depuis Membre de l'Académie des Sciences)
Professeur à l'Université de Paris
Ancien Président de la Société Française de Navigation Aérienne.

M. Robert DESMONS
Ingénieur-Conseil
Professeur d'Aéronautique
Ancien Secrétaire de la Société Française de Navigation Aérienne.

M. Gustave EIFFEL
Ingénieur
Ancien Président de la Société des Ingénieurs Civils
Fondateur du Laboratoire Aérotechnique d'Auteuil.

M. Gabriel KOENIGS
(Depuis Membre de l'Académie des Sciences)
Professeur à l'École Polytechnique
Directeur du Laboratoire de Mécanique
Président de la Société Française de Navigation Aérienne.

M. le Colonel J. B. ROCHE
*Directeur de l'Ecole Supérieure d'Aéronautique
et de Constructions Mécaniques.*

M. Louis ROMAN
*Ingénieur E. C. P.
Professeur-Examinateur à l'Ecole Centrale
des Arts et Manufactures*

A cet état-major se joignirent plusieurs fois, pour des conseils écoutés, notamment :

Les Professeurs BRANLY et LIPPMANN, de l'Académie des Sciences ; les Professeurs Paul LEROUX, chef du Service des machines au Laboratoire des Arts et Métiers, et CHARLES-HENRY, de la Sorbonne ; et en outre plusieurs officiers supérieurs en activité de service que nous avons le regret de ne pouvoir nommer ici.

De tels éléments donnaient une base sûre aux travaux qui allaient être entrepris, et la *Ligue* allait alors pouvoir démontrer que les tactiques proposées étaient scientifiquement et pratiquement réalisables.

En Février 1918, M. Louis DAUSSET, alors Rapporteur général du budget de la Ville de Paris, depuis sénateur de la Seine, disait, dans un toast, au Directeur du Centre d'Etudes de la Ligue :

« ... Votre œuvre n'est pas seulement de celles qui concourent à développer la Défense Nationale dans le présent ; elle est de celles qui assurent l'avenir ».

Deux cents autres personnalités eurent l'occasion de parler ou d'écrire dans le même sens.

*Document relatif à la création du Centre
d'Etudes, et adressé à un certain nombre de personnalités.*

APPEL AUX FRANÇAIS

Paris, Juin 1916

LA LIGUE AÉRIENNE FRANÇAISE a ambitionné d'aider la France à conquérir la suprématie des airs — par opposition à cette puissante LIGUE NAVALE ALLEMANDE qui avait tenté de donner à l'Allemagne l'empire des mers.

La suprématie de l'air va devenir aussi indispensable que la suprématie de la mer. La nation qui, la première, s'emparera de ce domaine nouveau accroîtra ses forces d'action, et s'armera d'un redoutable instrument de domination.

Que tous les Français qui pensent comme nous se joignent à nous.

Ils nous aideront à hâter la victoire. Ils forgeront avec nous l'arme qu'il faut à nos combattants pour atteindre plus rapidement l'ennemi en ses points vitaux.

Les territoires allemands, les cités allemandes ne sont pas inabordables. Ils sont à notre portée. Nous pouvons, par dessus les murailles vivantes qui les protègent encore, les atteindre et les frapper. Les routes de l'air sont grandes ouvertes. Nous devons, les premiers, les occuper et les commander.

*

Des raids heureux ont été plusieurs fois entrepris déjà. Récemment, les villes de Trêves, Carlsruhe, Mulheim étaient bombardées, et leurs habitants s'affolaient. L'Allemagne, qui se proclame inviolable, était atteinte *chez elle*. En fait, ces villes auraient pu être, non pas effleurées, mais détruites par des effectifs aériens plus nombreux, — comme devraient être déjà détruits, par exemple, les hauts-fourneaux de Thionville, les entrepôts chimiques de Ludwigshaffen, le nid de zeppelins de Friedrichshaffen, et autres centres où s'alimente la puissance de meurtre de l'Allemagne.

Nous avons, d'autre part, le devoir d'épargner le sang de nos soldats. Pas à pas, ils reprendront — ils reprennent — le sol perdu. L'artillerie, qui détruit les tranchées et disperse les groupes ennemis, leur ouvre le chemin. Mais cet effort de destruction n'atteint que les lignes combattantes. Les lignes arrières, qui alimentent sans trêve les premières, et où s'accumulent les immenses réserves d'hommes et de munitions nécessaires à la défensive comme à l'offensive, demeurent hors de portée. Jeter le désordre dans les lignes arrières, c'est paralyser les lignes combattantes. Enfin, il faut tout au moins interdire à l'ennemi le repérage de nos formations et de nos batteries, tandis qu'il nous faut librement repérer les siennes.

Ces opérations ne peuvent être que l'œuvre de la « super-artillerie », c'est-à-dire des flottes aériennes de bombardement. Leur action sera d'autant plus décisive que leurs capacités de bombardement seront plus étendues.

*

Le bouleversement des positions ennemies par la super-artillerie est donc un grand acte militaire. Il en est un autre, d'une importance égale : c'est la protection de nos soldats prisonniers qui souffrent des peines physiques et morales cruelles, et la protection de nos frères envahis.

Est-ce que nous y songeons assez ?

Les ennemis tiennent entre leurs mains d'immenses et précieux otages.

Regardons au-delà du sillon que les tranchées allemandes tracent, des Vosges à la mer, en pleine chair française.

Les Boches sont installés dans nos maisons et dans nos lits. Ils sont les maîtres. Ils détruisent et ils volent. Derrière eux, leurs femmes accourues vident les armoires et rient des larmes qui coulent. Nos femmes, à nous, en maints endroits, sont livrées aux soldats et aux proxénètes. Nos enfants apprennent l'allemand par la force. Et nos hommes travaillent aux usines de guerre, sous les coups et les outrages. Hier, ils vivaient comme nous vivons ; aujourd'hui ils sont tout à coup jetés dans la servitude. Tous avec désespoir tendent les bras vers nous.

Pour les défendre — avant de les venger — il nous faut aussi des otages.

Il faut que l'existence des villes allemandes réponde à toute heure de l'existence des villes françaises. Il faut que, bientôt, nous puissions dire avec raison : « Si vous touchez à nos villes ou à leurs habitants, craignez pour les vôtres !... »

... Armés de ces puissants arguments — qui sont les seuls qui comptent — nous n'aurons plus peur de notre victoire qui, sans cela, et pendant le recul de l'ennemi, entrainerait peut-être on ne sait quels massacres d'innocents.

** **

La LIGUE AÉRIENNE FRANÇAISE a donc mis au point notamment le programme de constitution d'une Flotte Aérienne autonome de manœuvre et d'offensive, composée de 4 à 5.000 Avions d'Escadre à grand rayon d'action et à grande capacité de bombardement, capables de franchir le Rhin et de frapper partout où il convient.

La réalisation complète de ce Programme spécial incombe à l'Etat, en raison de l'importance des crédits utiles.

Par contre, la Ligue entend réaliser elle-même une œuvre d'extrême urgence : la création d'un *Centre d'Etudes et d'Essais*, c'est-à-dire d'un INSTITUT D'AVIATION.

Notre armement aérien (moteurs, planeurs, réservoirs, stabilisateurs, voilures, dispositifs ou engins de tous genres, etc...) exige d'être perfectionné sans cesse, pour devenir ou rester le meilleur, pour réaliser tout ce que nous attendons de lui.

Comme l'Angleterre, comme l'Allemagne, la France doit enfin posséder l'INSTITUT D'AVIATION dans lequel, *en dehors de tout esprit particulariste,* nos théoriciens et nos praticiens travailleront ensemble à de nécessaires et incessantes améliorations. L'union du Laboratoire, de l'Atelier, du Champ d'expériences, assurera ainsi la marche rapide du progrès.

Notre œuvre aura l'ampleur que nos disponibilités permettront. Grands ou petits, ses résultats donneront un élan nouveau au Progrès. Aucune amélioration n'est ici négligeable ; chacune concourt à accroître nos forces de combat.

Dans cette guerre sans merci qui met aux prises deux mondes, et le plus noble esprit de liberté contre le plus honteux esprit d'oppression, le vaincu payera. Il payera matériellement et moralement, une rançon formidable, qui pèsera sur lui à travers les âges.

La victoire, c'est-à-dire la libération et la prospérité, appartiendra au plus intrépide, au plus ingénieux, au plus opiniâtre, au plus patriote. La race française, qui n'est pas née pour la servitude et qui est appelée à démontrer en ce moment son incomparable virilité, trouvera en elle-même tous les moyens d'abattre à jamais l'ennemi héréditaire.

Elle sait que c'est une question de vie ou de mort.

Signé : Henri SABARTHEZ.

Cet Appel fut heureusement entendu.

Le Comité Technique de la **Ligue Aérienne Française**

M. Daniel BERTHELOT
de l'Académie des Sciences

M. Robert DESMONS
Ingénieur Conseil
Professeur d'Aéronautique
Ingénieur en Chef
du Centre d'Etudes de la L. A. F.

M. Gustave EIFFEL
Président
de la Société des Ingénieurs Civils de France
Directeur
du Laboratoire Aérodynamique " Eiffel "

M. Gabriel KŒNIGS
de l'Académie des Sciences
Professeur-Examinateur
à l'Ecole Polytechnique
Directeur
du Laboratoire de Mécanique

M. le Colonel ROCHE
Directeur
de l'Ecole Supérieure d'Aéronautique
et de Constructions Mécaniques

M. Louis ROMAN
Ingénieur E. C. P.
Professeur-Examinateur
à l'Ecole Centrale des Arts-et-Manufactures

LES TRAVAUX
du
CENTRE D'ÉTUDES

Bientôt après la création de son *Centre d'Etudes*, la Ligue, en 1917 et 1919, pouvait mettre à la disposition de l'Etat des éléments nouveaux et précieux.

Leur description est à la suite. Elle constitue la partie technique de cet ouvrage.

A leur apparition, les Projets ainsi établis constituaient d'importantes nouveautés. Actuellement, et après six années écoulées durant lesquelles les progrès continuèrent, leurs bases demeurent toujours neuves et excellentes.

En les retouchant légèrement selon les données les plus récentes de la science, on peut aisément les remettre au niveau, en gardant l'avance acquise, et préciser ainsi des réalisations non moins importantes, et toujours d'actualité.

Il en a été fait ainsi pour certains de ces Projets, c'est pourquoi certains types d'appareils datant de la guerre sont suivis des mêmes types portant l'estampille de 1925.

LA PUISSANCE
DE LA "HOUILLE BLEUE"
et la
TÉLÉMÉCANIQUE

AGENCE ÉCONOMIQUE DES COLONIES
BIBLIOTHÈQUE ☆

UNE ROYAUTÉ NOUVELLE

A juste titre, l'opinion et la presse s'émeuvent chaque fois qu'il est question de l'avènement de la « Houille Bleue » et un de nos meilleurs journalistes en parlait récemment sous ce titre : **" Une ère nouvelle "**.

En effet, l'avenir de l'humanité (et d'abord de la France) ne sera pas, nous l'espérons, dans la possession du pétrole ou du charbon. Ce ne seront ni le charbon ni le pétrole, créateurs d'énergie motrice, qui décideront de la prépondérance d'une nation sur une ou plusieurs autres, et de la guerre ou de la paix entre les peuples.

L'âge d'or du charbon et du pétrole est peut-être près de s'éteindre.

La « royauté » qu'il conférait à quelques privilégiés risque, dans un temps sans doute plus court qu'on ne le suppose, de passer en d'autres mains.

Les forces illimitées de la mer seront bientôt effectivement captées, et l'électricité obtenue *à bas prix* (1), rayonnera alors sur les territoires pour les embellir, les enrichir et les garantir.

Si la France, qui s'ouvre sur trois mers, et dont le développement des côtes métropolitaines (3.500 kilomètres) et coloniales est immense, arrive la

---

(1) — On ne saurait dire cela à propos des expériences, si intéressantes et utiles soient-elles, entreprises avec raison à l'Aber-Wrach par exemple, et qui exigent des frais considérables et d'exceptionnelles circonstances de lieu.

première à résoudre le grand problème que les hommes se posent depuis les origines, elle cessera d'être tributaire de ses voisines pour le pain de ses machines, et elle prendra la tête des nations.

En outre, elle créera autour d'elle et de ses possessions un infranchissable cordon de défense, ainsi que nous l'exposons plus loin.

Pour ces deux raisons, et parce que nous tenons ce problème pour résolu par la « Turbine Desmons » (1), nous avons voulu placer cette découverte en tête des travaux qui illustrent l'œuvre du *Centre d'Études* de la Ligue Aérienne Française.

Tout de suite, nous allons indiquer les avantages que l'Aviation peut espérer de ses multiples applications.

L'AVIATION DE DEMAIN

Avions Militaires sans Pilotes
Avions ivils Csans Combustibles

Les progrès rapides et considérables que fait la télémécanique depuis quelque temps permet de prévoir, dans un avenir qui peut ne pas être très éloigné, une conception toute nouvelle de certains véhicules de locomotion aérienne à destination militaire ou civile dans lesquels l'organe principal sera réduit à un récepteur convenable d'ondes électriques approprié au rôle que sera appelé à remplir l'aéronef.

Les résultats déjà acquis avec l'avion sans pilote à bord, et dont les manœuvres sont assurées par une commande hertzienne, ne permettent pas de douter que l'on ne puisse prévoir, au point de vue militaire, la réalisation d'escadres de bombardement sans pilotes ou dans lesquelles un seul pilote réussira à diriger et conduire toutes les unités constitutives de l'escadre, et aussi l'organisation d'un réseau de défense côtière très serré, des avions torpilleurs étant dirigés de terre à l'attaque des unités navales ennemies évoluant dans les eaux territoriales.

Une anticipation sur les progrès à venir, qui cependant ne saurait être taxée de vision utopique, permet aussi de penser que l'on arrivera à remplacer le moteur actuel (pour l'alimentation duquel il faut emporter de lourdes provisions de combustible par un transformateur d'énergie convenable, qui fonctionnera soit par réception

---

(1) — Il est souhaitable qu'elle ne subisse pas le sort de sa devancière, la turbine de Fourneyron, qui capta la première la *houille blanche*. En 1827, en effet, B. Fourneyron résout la formule cherchée, elle aussi, depuis des siècles et crée la première turbine hydraulique, fort peu modifiée depuis. Les « savants » français sont contre lui. Il l'installe alors en Allemagne, et en 1835 y établit aussi la première conduite forcée. Il fallut *30 ans* à la France pour se laisser conveincre ! Or depuis, nos fossiles de la Science, de la Finance, et de l'Industrie, n'ont pas tous disparu et n'ont pas tous désarmé...

Autre exemple : La question de l'aménagement du Rhône est à l'étude depuis 1808, soit depuis cent dix-sept ans... Le programme actuel, qui est parfait, ne sera pas réalisé sans doute avant 10 ans, et coutera des sommes énormes, comme l'aménagement de la Dordogne.

d'ondes émises par des postes terrestres, soit par captation de l'immense énergie électrique que contient l'atmosphère, soit, et plus probablement, par combinaison des deux hypothèses précédentes, les ondes émises et reçues servant à capter, transformer et utiliser l'énergie électrique atmosphérique.

Le jour où cette réalisation sortira du domaine du rêve, l'aviation civile verra les limites de son développement possible reculées jusqu'à l'infini.

Mais pour l'utilisation de ces nouvelles découvertes de la science il sera nécessaire de prévoir alors la multiplication des stations d'émission d'ondes électriques en un réseau serré sur la surface entière du globe.

D'immenses difficultés seraient à prévoir, surtout hors d'Europe, pour la multiplication de ces installations, si la découverte de M. Desmons n'intervenait pas pour les rendre au contraire aisées en tout pays.

Le « Marémoteur » créé par M. Desmons à la demande de M. Sabarthez constitue une solution remarquable de ce magnifique problème : installer *économiquement* des stations radio-émettrices sur une côte marine ou jusqu'au cœur des terres, sur les bords des rivières et des fleuves de France et des Colonies.

Ce capteur d'énergie est en effet destiné à récupérer la force vive horizontale de *direction quelconque constante ou variable* d'un flux liquide quelconque, vagues de la mer ou courant d'un fleuve, et ne comporte aucun dispositif mécanique fragile de prix d'établissement élevé ou de fonctionnement précaire et d'entretien délicat.

Par lui on peut dire qu'un des grands rêves de l'humanité est sans doute atteint et que les forces illimitées de la mer sont dès aujourd'hui au service de l'Armée et de l'Industrie françaises.

UN PREMIER RAPPORT D'EXPERT

« Les grands mérites de M. Robert Desmons nous sont connus de longue date.

« Ses qualités de technicien ingénieux et d'exécutant pratique se sont manifestées au cours de nombreuses études scientifiques, et aussi notamment : 1° par l'exécution, au Centre d'Aviation Maritime de St-Raphaël, en 1918, d'un grand hydravion-torpilleur double coque et bi-moteur, qui fut un modèle du genre; 2° par la création de bateaux à propulsion aérienne, mis en usage dans nos colonies; 3° par l'invention toute récente du « coupleur d'hélices », très utile et très curieuse réalisation mécanique, qui établit des rapports nouveaux entre l'hélice et le moteur d'avion, et facilite la régularisation du vol aux hautes altitudes, invention que le Ministère de l'Aéronautique vient d'adopter.

« Pour ces raisons, nous avons étudié avec le plus grand soin le principe du procédé breveté de M. Desmons relatif à la captation de la force du flot et des courants, pour son utilisation comme force motrice.

« La captation, par ce procédé nouveau, de partie des forces illimitées de la mer, entrainerait des conséquences sur lesquelles il n'est pas nécessaire d'insister ici, car chacun en entrevoit l'extrême importance.

« La Société qui réaliserait ce procédé nouveau et en conserverait la propriété pourrait être comparée à un trusteur qui serait le seul maître de toutes les chutes. d'eau et des forces qu'elles peuvent répandre.

« L'application de ce procédé, dans le bassin méditerranéen notamment, ainsi que le long des côtes ou même des fleuves de nos colonies, engendrerait donc une floraison industrielle peut-être sans égale.

« Par conséquent, et parce que le principe posé par M. DESMONS nous parait. exact, nous considérons que l'effort de quelques mois de travail et de quelques sommes à risquer, est peu de chose en comparaison des grands résultats possibles, et que cet effort vaut d'être tenté.

« Le principe de l'appareil de M. DESMONS est, succinctement, le suivant :

« Si on immerge dans un courant une « plaque », celle-ci recevra une pression. dont la valeur dépendra de la vitesse du courant et de l'inclinaison de cette plaque par rapport à la direction des filets fluides; elle sera entrainée dans le courant. Si nous. maintenons cette plaque à l'extrémité d'un bras fixé sur un arbre, celui-ci sera mis en mouvement sous l'action de l'effort reçu par la plaque. En multipliant le nombre de. bras et de plaques, et en les répartissant convenablement, l'action sur l'arbre sera continue, et il prendra un mouvement de rotation, à la condition que les plaques, après avoir parcouru un demi-tour actif, n'opposent pas dans le demi-tour passif une résistance qui équilibrerait l'action motrice.

« Pour obtenir ce résultat, il convient, comme l'a prévu effectivement M. DESMONS, de réaliser la liaison des plaques sur les bras, de manière qu'automatiquement. pendant le demi-tour passif, les plaques s'effacent dans le lit du courant.

« Dans l'état actuel de perfectionnement des constructions mécaniques, il est. possible de réaliser un appareil conçu d'après ce principe, car il est de construction. simple.

« D'autre part, il est possible aussi de lui donner la robustesse et la protection nécessaires pour résister aux efforts considérables dus à la puissance des flots.

« On pourra donc ainsi recueillir sur « l'arbre » un travail, dont l'importance dépendra des dimensions données aux organes de l'appareil, ce travail pouvant être. industriellement utilisé.

« Notre avis est donc qu'il est dès à présent utile et intéressant de travailler à. l'étude et à la réalisation de ce procédé, tout différent des procédés qui se proposent l'utilisation de la force des marées.

« Tôt ou tard on parviendra à utiliser les forces immenses de la mer et à faire. d'elles les grandes productrices de l'électricité.

« La science française se doit de réussir la première cette grande œuvre. »

Fait à Paris, le 10 Décembre 1920.

L. ROMAN
Ingénieur E. C. P.
Professeur à l'Ecole centrale des Arts et Manufactures,

Colonel J. B. ROCHE
Directeur de l'Ecole Supérieure d'Aéronautique
et de Constructions mécaniques.

LA "TURBINE A PALETTES"

R. DESMONS

(Breveté S. G. D. G.)

Pour la récupération de l'énergie interne des flots de la mer par utilisation de la force vive horizontale des vagues déferlant à la côte,
et la captation de l'énergie des courants des cours d'eau non aménagés.

Son Principe

Le problème que pose la captation de l'énorme énergie qui met en mouvement les immenses masses d'eau de l'océan préoccupe depuis toujours les chercheurs, et nombreuses ont été les tentatives de récupération de partie de l'énergie productrice des marées. Ces chercheurs se heurtent dès l'abord à deux obstacles qui sont loin d'être négligeables : l'irrégularité des hauteurs des marées et la presque générale insuffisance de ces hauteurs pour que, par les moyens industriels actuellement connus, on puisse obtenir un rendement acceptable de récupération.

A ces obstacles vient s'ajouter un inconvénient d'ordre pratique résidant dans la nécessité de prévoir de très grands (donc très onéreux à aménager dans la plupart des cas) réservoirs régulateurs.

En France, par exemple, certains golfes ou estuaires des côtes de Bretagne, sont les seuls points sur lesquels on puisse prévoir l'installation d'usines à marée, d'ailleurs extrêmement coûteuses.

Abordant le problème sous un angle tout différent, M. R. Desmons a cherché à utiliser, pour mettre en action le récupérateur d'énergie, la force vive horizontale des vagues déferlant sur la côte. Les vagues existent régulièrement et constamment sur toutes les côtes, même sur celles des mers sans marée; c'est donc là étendre dans des proportions très considérables le champ des possibilités d'installation d'usines marémotrices. La « Turbine à palettes » présente d'ailleurs un intérêt tout particulier du fait qu'utilisant directement la force vive des flots, son installation est des plus aisées et des plus économiques puisqu'elle ne nécessite pas l'aménagement de réservoirs de régularisation.

Le principe de cette « Turbine » est d'ailleurs particulièrement simple, (comme cela est indiqué dans le rapport ci-dessus des experts : M. le Colonel Roche et M. le professeur Roman.) Son bon fonctionnement n'est mis en doute par aucun technicien ou praticien

Une grande réalisation

Cette turbine est essentiellement constituée par une roue à aubes telle que, pour une orientation quelconque du mouvement relatif du flot moteur, la réaction du flux sur la roue soit motrice.

Schématiquement elle peut donc être considérée comme constituée par une roue à palettes à axe vertical dont les palettes sont articulées autour d'axes verticaux et viennent buter sur des arrêts disposés pour que, quelle que soit la direction du flux, ces palettes prennent une orientation radiale active dans la région correspondant à l'effort moteur prévu et une orientation de moindre résistance à l'avancement dans la région correspondant à une réaction retardatrice du mouvement de la roue.

Cette automaticité d'orientation est obtenue par un procédé mécanique fort simple que nous ne révèlerons pas ici. Mais il en résulte que la « Turbine » peut fonctionner non seulement quelle que soit la direction des vagues la frappant mais même tant à « l'aller » qu'au « retour » d'une même vague brisée sur la côte.

Une série d'expérimentations concluantes est d'ailleurs venue confirmer le bien fondé de la théorie.

Des essais de laboratoire sur modèle réduit ont permis de vérifier que des flux successifs de direction opposée donnent à la « turbine » immergée un *mouvement de rotation continu de sens constant*; des essais à la mer ont démontré que la « turbine » en mouvement ainsi qu'il était prévu et des mesures de puissance effectuées sur un modèle de 1 mètre de diamètre seulement ont prouvé que le rendement de ce récupérateur d'énergie était économiquement intéressant.

Rendement

En effet, cette turbine comportant dix palettes de $0^m\,25 \times 0^m\,20$, immergée dans un courant de $6^m\,50$ environ à la seconde, développa une puissance, mesurée au frein sur l'arbre, *supérieure à 6 chevaux.*

Ces expériences, ont, par ailleurs, permis de vérifier le bien fondé d'une méthode de calcul de puissance à priori basée sur le calcul des puissances instantanées développées par chacune des palettes en plusieurs positions consécutives entre deux orientations identiques de la « turbine », ce calcul étant fait analogue à celui d'une réaction aérodynamique, à la densité du milieu près, et compte tenu de l'effacement partiel ou total des palettes l'une derrière l'autre, dans la région active, par rapport à la direction générale du flux, en même temps que de la résistance au déplacement des palettes passives, toujours d'après les coefficients d'aérodynamique expérimentale.

Cette méthode de calcul vérifiée par l'expérience, indique qu'une turbine de 1 mètre de diamètre, avec palettes de 1 mètre de hauteur, produit, en courant moyen de 5 mètres, environ 15 chevaux.

Sur des estacades à claire-voie convenablement disposées, de 100 ou 200 mètres, il est aisé d'établir dans les conditions voulues, 100 ou 200 turbines.

Or, la construction de ces estacades, analogues à celles établies dans des ports nombreux, est un problème commun.

Il apparaît donc que l'utilisation de cette « turbine » comme récupérateur de l'énergie du flot de la mer peut donner lieu à des installations nombreuses et industriellement intéressantes.

Mais, pour bénéficier dans les meilleures conditions possibles de ses qualités particulières, il est nécessaire, néanmoins, d'en étudier de très près l'installation, qui doit être déterminée, dans ses details, d'après la configuration de la côte et le régime normal des vents et des marées au point choisi pour la réalisation de la « centrale » de production d'énergie.

****

Dans tous les cas, pour conserver à la « turbine » ou « moulin à flot » ses qualités de facile et économique réalisation et d'entretien réduit au minimum, il sera préférable d'envisager l'installation d'une station par juxtaposition d'un assez grand nombre d'éléments « moulins » de dimensions relativement réduites plutôt que par construction de « moulins » de grandes dimensions dont la réalisation et la conservation poseraient des problèmes particulièrement délicats eu egard à la brutalité d'action du flot moteur dans certaines circonstances de temps.

La Turbine à Palettes

Le modèle d'essai

Le procès-verbal d'expériences

D'ailleurs la multiplication des éléments est nécessaire pour assurer le maximum de régularité directe à la marche continue de l'ensemble constituant la station.

Plusieurs raisons nous font conclure que la solution la plus pratique est de prévoir l'installation d'une « centrale » par la juxtaposition d'un nombre assez grand d'éléments de dimensions moyennes assez réduites pour ne pas entraîner les inconvénients signalés plus haut, mais suffisantes pour assurer un rendement optimum, même avec les faibles vitesses du flot.

Installation en mer

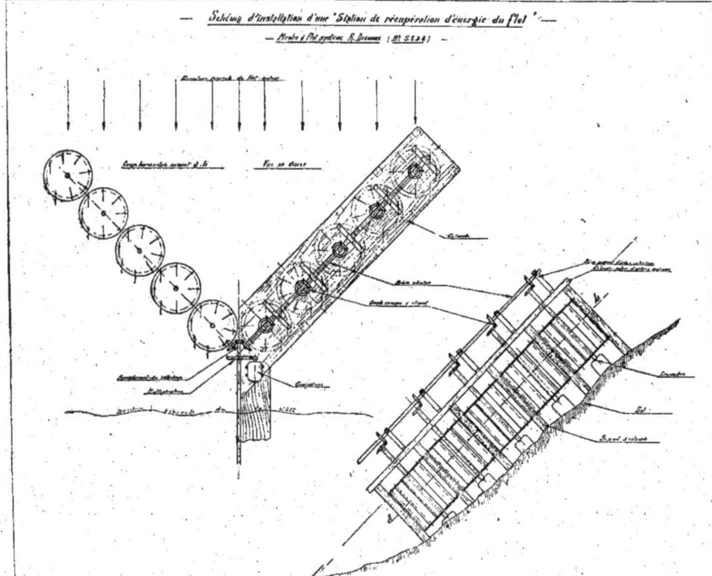

Cette juxtaposition d'éléments, attelés sur un même récupérateur d'énergie (une dynamo par exemple) doit être étudiée pour assurer un fonctionnement régulier et continu de l'ensemble quelle que soit la direction moyenne des ondes motrices.

La disposition la plus facile à réaliser consiste à échelonner les éléments « moulins » suivant deux directions convergentes à la côte et orientées convenablement pour que la totalisation des actions motrices sur chacun des éléments de l'ensemble des deux groupes reste sensiblement constante pour toutes les directions possibles du flot.

Sur une côte rectiligne, sur laquelle la direction moyenne du flot est perpendiculaire à la côte, les deux alignements formant entre eux un angle droit, au décalage individuel des éléments près, seraient orientés de manière à être également inclinés par rapport à la côte.

Ces alignements sont indiqués *au décalage près* car il y a intérêt, afin de réduire l'encombrement de l'ensemble, à décaler les moulins voisins de manière à récupérer sur l'un le demi-diamètre du voisin (suivant une perpendiculaire à la direction du flot) dans lequel le flux marin passe sans action motrice.

Pour compléter encore et améliorer le dispositif dans cet ordre d'idées il sera intéressant de doubler les alignements prévus de manière à récupérer la totalité de l'énergie de la « section de flot » correspondant à cette série de « moulins ».

L'accouplement des éléments d'une même série est aisé du fait du parallélisme et de l'alignement possible dans un même plan des axes verticaux des « moulins » que l'on peut pratiquement installer le long d'une estacade; on peut le prévoir essentiellement réalisé au moyen d'un arbre horizontal unique parallèle au plan des axes et relié à chacun des éléments par un couple d'engrenages coniques à encliquetage automatique tel que tout mouvement de l'un quelconque des « moulins » commande un déplacement en rotation de l'arbre commun tandis que celui-ci peut tourner sans entraîner les arbres des roues à palettes.

Un dispositif très simple de couples dentés coniques serait ensuite utilisé pour réunir entre eux les arbres horizontaux, en leur point de convergence, à un arbre « collecteur » qui correspondrait à l'organe final de récupération et de distribution d'énergie : une dynamo par exemple.

L'intérêt technique n'est d'ailleurs pas seul en jeu dans la prévision d'un avenir industriel pour la « turbine à palette »; l'intérêt économique, qui n'est pas négligeable, tant s'en faut, vient aussi s'ajouter pour laisser prévoir un vaste développement à cette nouvelle méthode de captation des forces de la nature.

En effet, en l'état actuel des choses, on peut prévoir que le prix de revient d'installation d'une usine marémotrice de ce système serait environ de *1000 à 1500 frs au cheval vapeur*, tandis que celui d'une usine hydroélectrique ordinaire, utilisant une chute d'eau en montagne, revient à *4000 frs*.

Installation dans les cours d'eau

L'application de la « turbine à palettes » n'est d'ailleurs pas limitée à la récupération de l'énergie des flots de la mer ; elle peut servir à créer économiquement des stations productrices d'énergie sur les cours d'eau à courant rapide mais d'aménagement pratiquement impossible tels qu'ils se présentent à peu près généralement dans nos colonies où dans les pays neufs.

Les prix d'installation, dans ces conditions, descendent très au-dessous de ceux des installations en mer.

QUELQUES UTILISATIONS PRATIQUES POSSIBLES

Ainsi qu'il est indiqué plus haut, au point de vue militaire qui nous préoccupe d'abord, la création le long des côtes de « centrales » mareélectriques peut correspondre à l'organisation d'un réseau de défense, par *hydravions ou avions sans pilote,*

et aussi par *torpilles aériennes ou marines,* particulièrement efficace contre toute tentative d'attaque aérienne ou marine.

Les autorites responsables ne sauraient se désintéresser de ce fait nouveau.

Mais, tout en prévoyant l'application de ces installations à des buts de protection en cas de guerre, on peut envisager pour elles des utilisations multiples d'ordre industriel, et notamment :

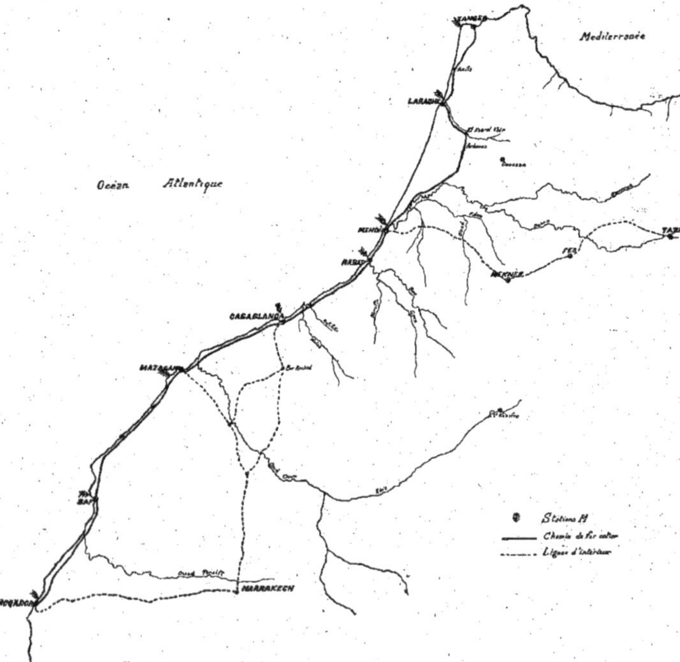

1° On peut, au moyen des *centrales côtières* alimenter en énergie les villes riveraines et toutes les industries urbaines ou rurales, et. tout particulièrement, assurer le fonctionnement économique des voies ferrées.

A titre d'exemple on peut envisager, au Maroc, la réalisation d'une ligne de
chemin de fer Mogador-Safi-Mazagan-Casablanca-Rabat-Méhédia-Larache-Tanger,
qui serait alimentée par une série de « centrales » échelonnées le long de la côte de
l'Océan. Cela pourrait être fait plus rapidement et plus économiquement que l'électri-
fication d'une ligne de la Compagnie du Midi.

Le long de 3.500 kilomètres de côtes françaises, il est aisé de déterminer plus
de cent bases (avec flot suffisant et configuration favorable) pour l'établissement de
stations centrales de plus de 5.000 chevaux.

Il en est de même le long de nos côtes africaines, indo-chinoises, malgaches,
et autres.

2° L'utilisisation de la « Turbine à palettes » dans le courant des fleuves non aménagés de nos colonies ou des pays neufs est susceptible d'un développement au moins
aussi important.

Dans ce cas au lieu d'envisager la disposition « en éventail » des séries de turbines, on devra prévoir une disposition en « barrage protégé » établie de manière à
utiliser au maximum la puissance vive horizontale du courant, ce qui correspondra à
l'installation de barrages droits doubles ou triples ou de barrages en ligne brisée.

Les utilisations pratiques de l'énergie récupérée par ces installations sont multiples dans l'ordre militaire ou industriel et très analogues à celles que l'on peut prévoir pour les centrales marines. Le Rhône, le Niger, le Congo, etc... pourraient devenir, à peu de frais, de formidables producteurs.

3° Enfin, la « turbine à palettes », par sa simplicité d'installation, permet de prévoir la réalisation facile d'usines flottantes mobiles.

Si, en effet, on dispose entre deux embarcations-flotteurs des séries convenables de turbines, et que l'on amarre un tel ensemble en plein courant, sur un cours

d'eau quelconque, cet équipage deviendra, du fait de son amarrage, une usine de récupération d'énergie du courant et pourra servir à des exploitations industrielles locales et temporaires, des abattages et débitages de bois en forêts coloniales par exemple.

Dans toutes nos colonies nos colons pourront, demain, créer aisément de la force motrice, soit le long de la mer, soit le long des fleuves. En France également.

N'y-a-t-il pas là une grande œuvre à envisager?

LES GRANDS SERVICES

rendus par le

LABORATOIRE AÉRODYNAMIQUE

" EIFFEL "

———

L'illustre ingénieur EIFFEL, après avoir commencé ses études d'aérodynamique par des expériences en chute libre à la Tour Eiffel, créa un laboratoire à tunnel au Champ de Mars. De ce laboratoire sont sortis les premiers résultats d'expérience qui sont à la base de la Science Aérodynamique.

Les lois de cette science nouvelle se multipliant et se compliquant au fur et à mesure de leur découverte, le laboratoire du Champ de Mars devint insuffisant et M. EIFFEL créa le laboratoire d'Auteuil qui possède un outillage aussi parfait que possible pour étudier les effets réciproques des déplacements relatifs des corps quelconques et de l'air, et mesurer les capacités aérodynamiques des appareils construits en petit modèle.

Les compte-rendus d'expériences des laboratoires EIFFEL constituent la base de la Science nouvelle si complexe qu'est l'Aérodynamique. Les résultats pratiques d'utilisation immédiate ont été innombrables avant et pendant la Guerre et il ne faut pas oublier que tous les appareils qui ont assuré notre maîtrise de l'air ont été étudiés minutieusement au Laboratoire EIFFEL (Bréguet, Spad, Tellier etc...).

Si l'avion semble être arrivé maintenant à un point où les grandes innovations sont moins probables il se trouve à la période de sa « vie » où il a besoin d'être étudié de très près dans tous ses détails même les plus infimes en vue de petits mais très importants perfectionnements qui lui assureront par leur réunion l'accession vers la perfection.

~ 55 ~

Ce n'est qu'au laboratoire que de tels perfectionnements peuvent être pratiquement étudiés. Les essais en « grandeur » sont en effet trop coûteux, et trop de facteurs peuvent intervenir pour fausser les résultats des essais tentés, résultats difficiles à mesurer quantitativement d'ailleurs dans ces conditions.

Le laboratoire Eiffel est parfaitement aménagé pour embrasser un champ d'étude très vaste : étude de voilures, de leurs profils, de leurs formes, de leurs dimensions relatives; étude des hélices au point fixe et en vol; étude des carènes de dirigeable ou d'avion; étude d'ensemble d'appareils, étude de radiateurs de refroidissement..., etc. etc.. Telles sont les séries d'expérimentation déjà entreprises au laboratoire Eiffel.

Ses chiffres sur les performances des appareils sont d'une rigoureuse exactitude. Ils permettent de préciser effectivement tous les défauts et toutes les qualités d'un modèle, et de savoir par conséquent ce qu'on peut en attendre.

Nous avons le devoir de signaler à nouveau ici la grande œuvre scientifique que représente le Laboratoire Eiffel, car la Ligue lui doit les plus précieuses certitudes sur les résultats de ses travaux, groupés dans le présent ouvrage.

LE
COUPLEUR D'HÉLICES

de M. R. DESMONS

pour appareils multi-moteurs

et pour mono-moteur suralimentés

Une des premières œuvres de M. Robert DESMONS, et une des plus curieuses, fut la conception et la création du " Coupleur d'Hélices ", décrit ci-dessous.

Le Coupleur prend naturellement sa place en tête des chapitres concernant les différents types d'avions également exécutés par M. DESMONS, car il en fait avec raison l'application à chacun d'eux.

Les effets qu'il en obtient sont, comme on va le voir, de ceux dont il serait absurde et dangereux de se dispenser.

Les appareils (bi-moteurs ou mono-moteurs) qui en seront munis marqueront en effet sur les autres la supériorité la plus nette.

Pour les mono-moteurs, c'est la possibilité précieuse de ne plus perdre leur vitesse — au contraire — en gagnant de la hauteur, ce qui constitue un saisissant avantage.

Pour les bi-moteurs ou multi-moteurs, cette possibilité et cet avantage sont les mêmes, mais en outre (et ce point est d'un intérêt de premier ordre) en cas d'arrêt d'un des moteurs la dissymétrie de vol et l'atterrissage forcé sont évités. L'appareil ralentit, mais continue régulièrement son vol. Ainsi, un des plus graves dangers dont les aviateurs sont sans cesse menacés est absolument écarté. Par ce seul fait, M. DESMONS a bien mérité de l'Aviation.

DESCRIPTION ET UTILISATION

Dans les appareils multi-moteurs, les constructeurs ont adopté, pour la plupart, une disposition qui consiste a répartir les moteurs dans la voilure de telle sorte que les hélices, calées diréctement sur les arbres-vilebrequins de ces moteurs, puissent fonctionner simultanément sans qu'interviennent de génantes influences mutuelles.

Dans le cas de bon fonctionnement de tous les groupes moto-propulseurs, la symétrie de traction par rapport à l'axe de vol de l'appareil est assurée par la disposition même de ces groupes.

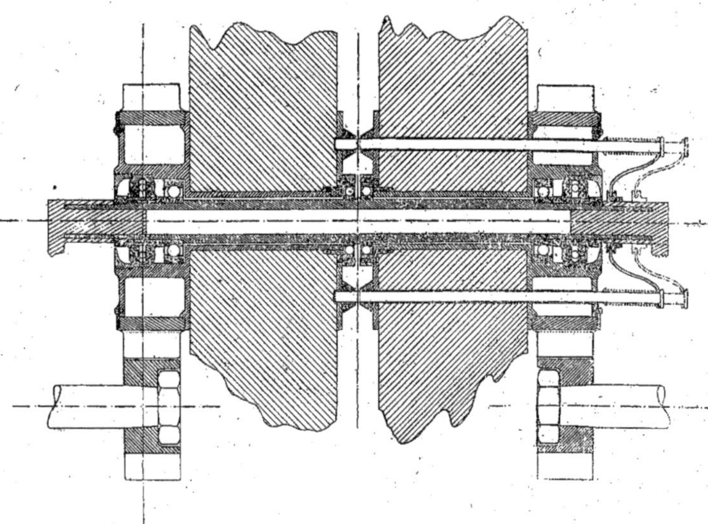

LE " COUPLEUR D'HÉLICES " MODÈLE 1917

Coupe schématique par le plan des axes d'hélices et de moteurs

[Cachet : GOUVERNEMENT GÉNÉRAL DE L'INDOCHINE — AGENCE ÉCONOMIQUE — Bibliothèque]

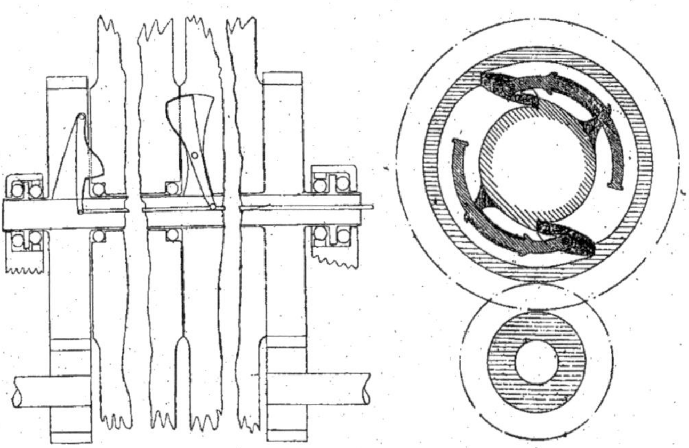

LE " COUPLEUR D'HÉLICES " MODÈLE 1917

Schéma de coupleur
pour deux hélices inégales

Schéma
d'accouplement élastique

Mais dans le cas d'arrêt d'un moteur, il se produit immédiatement une dissymétrie de traction qui doit être contre-balancée par une manœuvre des organes de gouverne, manœuvre qui se traduit par un accroissement notable des résistances passives de l'appareil.

La dispersion des moteurs rend, par ailleurs, leur accès, et par suite leur entretien et leur réparation, très difficile en vol.

Le « coupleur d'hélices » (breveté) a pour but de permettre le groupement des moteurs dans un espace plus restreint en même temps que d'assurer une constance absolue de symétrie de traction dans tous les cas possibles.

Son principe de conception (pour une application à un avion bi-moteur par exemple) se résume à assurer la propulsion de l'appareil par des hélices à quatre pales lorsque les deux moteurs fonctionnent simultanément, ces hélices se dissociant en deux hélices à deux pales, dont une « folle » lorsqu'un des moteurs s'arrête.

On se rend compte que, grâce à cette conception, l'axe ou les axes suivant lequel ou lesquels s'opère la traction reste ou restent le même ou les mêmes.

Dans ces conditions, il ne peut y avoir de dissymétrie d'effort dans le cas d'arrêt d'un moteur, et l'avion reste dans des conditions normales de vol à puissance

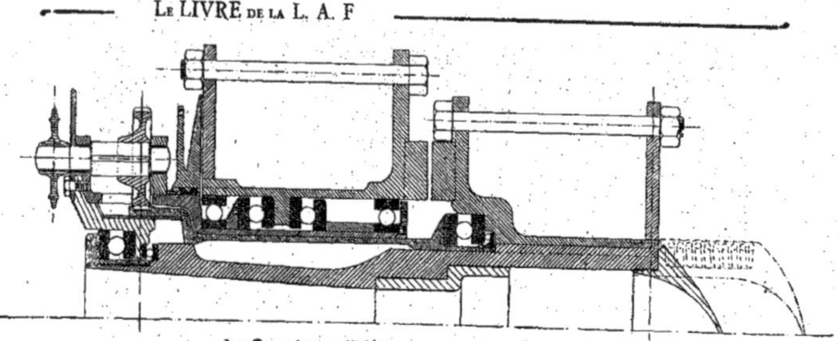

Le Coupleur d'Hélices type B modèle 1921

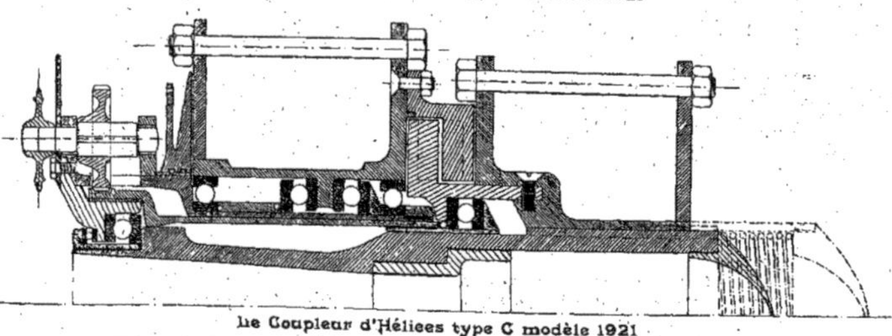

Le Coupleur d'Hélices type C modèle 1921

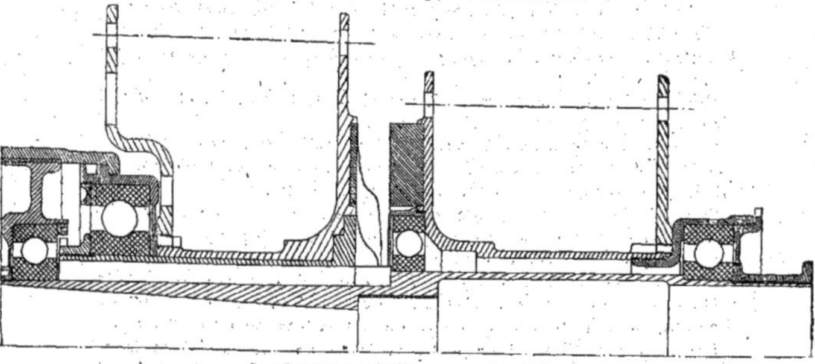

Le Coupleur d'Hélices modèle 1925

Le " Coupleur d'Hélices " type 1921

Ensemble

Pièces détachées

réduite. S'il a été conçu convenablement, il peut rester capable de voler et évoluer pendant un temps suffisant pour permettre à l'aviateur de remplir sa mission et de rentrer à son port d'attache. On peut même concevoir le cas ou une partie du voyage (l'aller vers un but à bombarder avec charge complète) sera effectuée avec les deux moteurs en fonctionnement simultané, et une autre (le retour avec charge réduite au minimum) avec un seul des moteurs; cette conception pourrait correspondre à une meilleure utilisation de l'avion en permettant soit d'augmenter son rayon d'action, soit d'accroître sa charge en explosifs aux dépens de l'approvisionnement en combustible.

Dans le cas de panne d'un des moteurs, réparable par les moyens du bord, la réparation pourra être effectuée sans qu'il y ait lieu d'interrompre le vol de l'appareil.

L'application au bi-moteur à puissance égale des deux moteurs n'est pas la seule qui puisse être envisagée.

Avec deux hélices deux pâles se « couplant » en un quatre pales il y a en effet possibilité de prévoir trois puissances différentes suivant que l'une ou l'autre des bi-pales est active ou que l'on utilise l'ensemble des deux.

L'échelle de variation devient encore plus étendue si l'on considère l'accouplement de trois hélices bi-pales en une « six pale » dont le rendement aérodynamique peut être encore très satisfaisant. Dans ce cas le nombre théorique des « puissances » différentes absorbées s'égale à *sept*.

Si d'ailleurs on envisage, et c'est ce qui paraît correspondre à la réalisation des navires aériens de demain, le groupement de tous les moteurs dans une unique chambre de machines, la propulsion étant assurée par plusieurs hélices disposées de front le long de l'envergure, il est évident que l'utilisation du « coupleur » sur chacun des axes d'hélices prévus permettra une parfaite adaptation dans tous les cas possibles de fonctionnement des éléments moteurs.

Le «coupleur d'hélices » qui sera demain un accessoire indipensable des multimoteurs trouve sa place dès maintenant dans l'équipement des avions mono-moteurs suralimentés pour le vol aux hautes altitudes.

On peut en effet considérer le « coupleur d'hélices » comme un moyen de réaliser un propulseur *à surface active variable.*

Et de même que cette variation permet de réaliser une propulseur à éléments rigides et indéformables dont la réaction équilibre un groupe moteur à puissance variable et à régime constant, elle permet aussi de prévoir, à puissance constante, une variation d'état ou de densité du milieu résistant et de réaliser un propulseur à réaction constante pour une même vitesse de rotation dans un milieu de qualité variable.

Il en résulte ces deux faits nouveaux dont l'importance n'échappera pas même aux profanes :

1°. — Si un accident arrive à l'un des moteurs d'un avion bi-moteur, il évitera la « marche en crabe » et l'atterrissage forcé et brutal. Il continuera sa route, lentement mais sûrement, sans perdre sa symétrie de vol.

2°. — Le régime des hélices et du moteur demeurant constant à toutes les altitudes, l'avion, en montant, ne perdra pas de sa vitesse. Au contraire : il en gagnera. Et c'est là une solution de ce grand et passionnant problème de la vitesse aux hautes altitudes.

*
* *

Le « coupleur d'hélices » peut donc, en cas de guerre, assurer la suprématie de nos avions sur ceux de l'ennemi.

En temps de paix; il n'est pas moins précieux.

Il date de 1917.

L'Aéronautique vient de l'adopter en 1924.

LE MOTEUR

A PUISSANCE VARIABLE

par M. R. Desmons

M. Daniel BERTHELOT a présenté sur ce moteur des conclusions (25 Février 1917) dont extrait ci-dessous :

* *

« *La réalisation d'un Moteur à puissance variable représenterait soit* « *pour l'automobile, soit pour l'aéroplane, un* **perfectionnement important** « *tant au point de vue* économique *qu'au point de vue purement* **technique.**

« *Aussi n'y a-t-il pas à s'étonner qu'un grand nombre de solutions* « *aient déjà été proposées. Quelques modèles, dûs notamment à de grandes* « *maisons italiennes, ont été exposés lors des derniers Salons de l'Automobile.* « *Ils ont laissé à ceux qui les ont étudiés l'impression d'une grande compli-* « *cation mécanique entraînant un accroissement de poids considérable. C'est* « *dire que si aucun d'eux ne s'est imposé pour l'automobile, où on cherche* « *surtout la simplicité, ils conviennent encore moins pour l'aéroplane où on* « *recherche avant tout la légèreté.*

« *Le moteur à puissance variable qui nous est soumis par le Centre* « *d'Etudes de la Ligue Aérienne Française,* **échappe à ces inconvénients.** « *Il est simple et peu encombrant. L'idée qui est à sa base, sans être entièrement* « *nouvelle, n'a pas encore été pratiquement approfondie et vaudrait certaine-* « *ment la peine d'être essayée* ».

Ces conclusions demeurent en 1925 entièrement exactes.

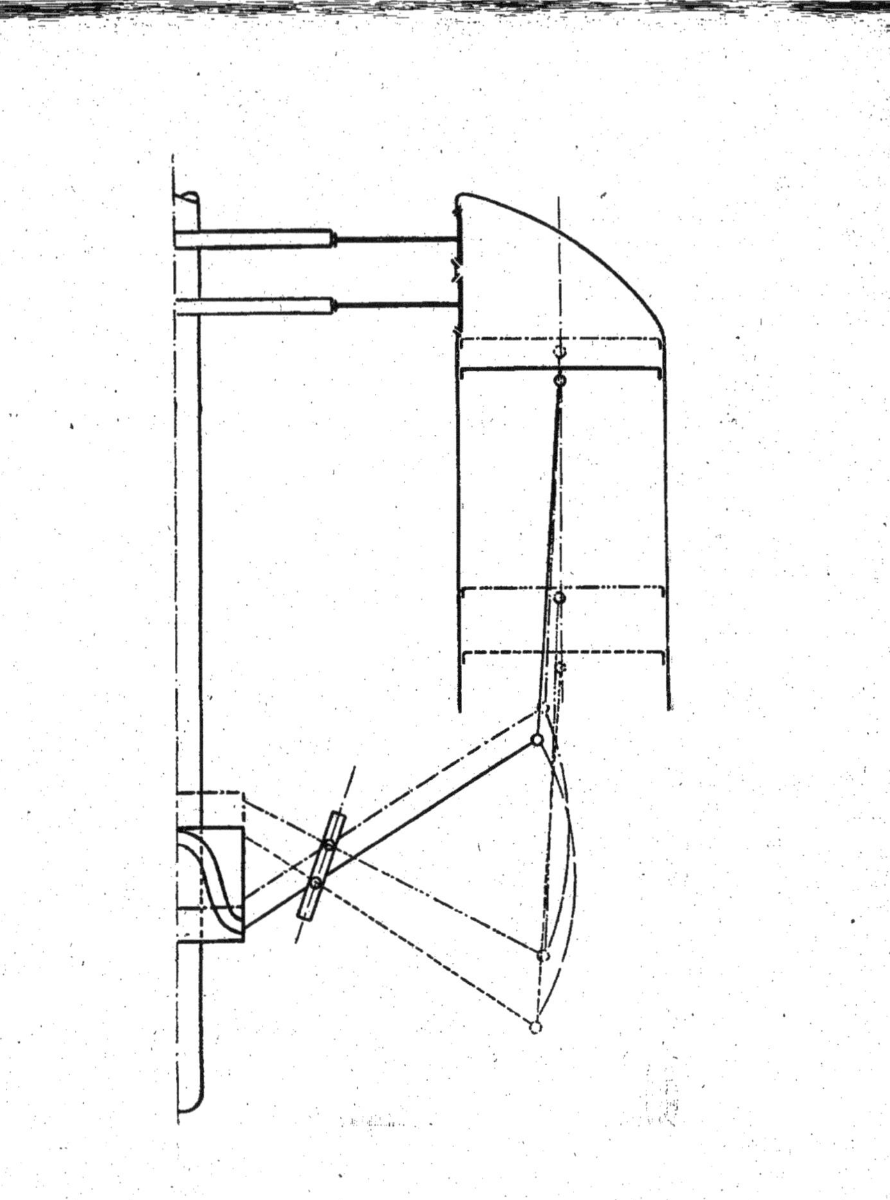

Description

Ce moteur à puissance variable en marche, est du type dit " à explosions " dans lequel les cylindres étant disposés de manière que leurs axes soient parallèles ou à peu près à l'axe de rotation de la partie tournante, la transformation du mouvement rectiligne alternatif des pistons en mouvement circulaire continu de l'arbre ou du bloc carter-cylindres, suivant qu'il s'agit d'un moteur fixe ou rotatif, est obtenue par l'intermédiaire d'un balancier formant levier du premier genre dont une extrémité est articulée sur la tête de bielle et dont l'autre est assujettie à suivre une trajectoire sinusoïdale tracée sur un cylindre solidaire de l'arbre principal.

Cette disposition permet de réaliser un moteur qui, en même temps qu'il peut être à puissance variable en marche par variation de la longueur de la course des pistons et par conséquent de la cylindrée, peut être réalisé à deux ou quatre temps, de telle manière que la distribution d'alimentation et d'allumage soit directement montée sur l'arbre principal, sans interposition d'engrenages démultiplicateurs, par la simple appropriation du nombre de périodes de la courbe sinusoïdale guidant les déplacements des balanciers.

Les cylindres, dont le nombre peut être quelconque, suivant les nécessités imposées par la puissance à obtenir, sont disposés parallèlement à l'axe principal du moteur ou dans une orientation voisine de celle-là, de manière que les axes des cylindres fassent partie d'une même surface cylindrique ou cônique circulaire à axe confondu avec l'axe du moteur.

Le piston est accouplé à la manière ordinaire sur le pied de la bielle dont la tête est assemblée par une articulation à un seul axe de rotation sur une extrémité du balancier.

Ce balancier oscille autour d'un axe parallèle à celui de son articulation sur la tête de bielle et est guidé par son extrémité dans une rampe creuse taillée sur la surface latérale d'une pièce cylindrique solidaire de l'arbre principal du moteur et ayant même axe.

Cette rampe a un développement plan sinusoïdal de manière qu'aux mouvements d'oscillation du balancier dans le plan des axes du cylindre et du moteur corresponde un déplacement angulaire de la pièce cylindrique et par conséquent de l'arbre autour de l'axe du moteur.

Dans le cas d'emploi du cycle à quatre temps, si la sinusoïde de guidage du balancier présente deux périodes, un tour de l'arbre moteur correspondra à quatre courses du piston, donc à un cycle complet.

Avec le cycle à deux temps, une seule période pour la courbe sinusoïdale correspondra à un cycle complet par tour d'arbre principal.

Dans l'un ou l'autre cas, il n'y aura pas lieu à démultiplication des commandes de distribution par rapport à la vitesse angulaire axiale et l'on pourra, par exemple, en disposant les axes des soupapes radialement par rapport à l'axe du moteur, les commander par deux cames seulement (une pour l'admission, une pour l'échappement) calées sur l'arbre et agissant directement sur les tiges des soupapes. D'autre part, la magnéto ou le distributeur d'allumage, quel qu'il soit, pourra, lui aussi, être lié directement à l'arbre principal.

En multipliant convenablement le nombre des périodes de la rampe sinusoïdale, on pourrait obtenir un accroissement très notable de la puissance massique du moteur.

Pour obtenir facultativement, en marche, la variation de la puissance du moteur, il suffit de faire varier la cylindrée et, pour ce, la longueur de la course du piston dans le cylindre. Dans ce but, le centre d'oscillation du balancier est variable de manière à faire varier le rapport des longueurs des deux bras du balancier. L'amplitude de course de l'extrémité guidée sur la courbe sinusoïdale reste constante ; donc à toute variation de position du centre d'oscillation le long du balancier, correspondra une variation d'amplitude d'oscillation de l'extrémité articulée sur la tête de bielle, donc une variation de la « course » du piston et par conséquent de la cylindrée.

Mais en même temps que le volume de la cylindrée, il faut faire varier la capacité de la chambre de compression de manière à conserver au moteur ses mêmes qualités de fonctionnement dans tous les cas possibles. En même temps qu'on déplace le point d'oscillation du balancier, le long de ce balancier, il faut donc déplacer ce même point d'oscillation parallèlement à l'axe du cylindre, de manière à faire varier, en même temps que la longueur de la course, la position du piston en « haut de course » pour approprier à chaque volume de cylindrée un volume convenable correspondant de la chambre de compression.

A cet d'effet, l'axe d'oscillation du balancier est mobile le long d'une rampe de profil approprié et de direction générale oblique à l'axe du moteur et du cylindre et dans le plan de ces deux axes.

Naturellement, à tout déplacement élémentaire de l'axe du balancier parallèlement à l'axe du moteur doit correspondre un déplacement de la pièce cylindrique le long de l'arbre moteur. La solidarisation de ces deux éléments est donc prévue.

La commande du déplacement de l'axe du balancier le long de la rampe, de même que celle de la simultanéité des mouvements de cet axe et de la pièce cylindrique, peuvent être réalisées par un dispositif mécanique quelconque, et, par exemple, par guidage dans une rampe ortogonale à l'axe du moteur solidaire de la pièce cylindrique de l'axe d'oscillation du balancier.

COMPARAISONS

Sur tous les moteurs en usage, le moteur en question présente des avantages nets :

Pour les moteurs d'avions

1°. — Lorsqu'il peut être utile de faire varier la puissance en cours de vol (quand, par exemple, l'avion est délesté ; quand il doit changer son altitude moyenne de vol normal ; quand il veut modifier sa vitesse) *une économie réelle de combustible* se trouve heureusement réalisée, du fait de la constance de son rendement thermique correspondant à un fonctionnement normal dans des conditions optima. Le rendement du groupe moto-propulseur ne sera nullement modifié, attendu que la variation de puissance ne sera pas obtenue par une variation de vitesse de régime.

2°. — Lorsqu'il s'agit de vol aux *hautes altitudes*, il ne sera plus nécessaire d'adjoindre à l'avion des appareils compliqués et onéreux de suralimentation du moteur, attendu que son dispositif de variation de puissance peut lui-même correspondre directement à une *suralimentation*.

3°. — Le principe de fonctionnement de ce moteur permet par ailleurs de prévoir que, dans le temps (pour une même vitesse angulaire) où l'on fait travailler *une fois* le couple piston-cylindre, on peut ici le faire travailler *deux fois ou trois*.

Résultat pratique : la puissance massique du moteur peut être théoriquement accrue de 1 à 2 ou 3, par rapport à celle des moteurs actuels, d'où possibilité de résoudre ce problème toujours activement cherché : réalisation d'un moteur peu compliqué et sensiblement *plus léger*.

Ce triple résultat marque, là encore, un grand pas en avant.

Pour les moteurs d'autos

L'application des mêmes principes à ces moteurs permet d'aboutir à quelques sensibles avantages, que nous ne saurions nous dispenser de signaler aussi :

1°. — Alors qu'actuellement la liaison du moteur à puissance normalement constante et des roues motrices est obtenue (afin de faire correspondre la puissance variable observée avec le profil de la route et la vitesse réalisée à la puissance constante fournie par le moteur) par des trains d'engrenages successivement embrayables et en nombre fini (3 ou 4), le moteur ci-dessus entraîne la suppression de ces organes, ou les réduit à presque rien, attendu qu'on disposera d'une variabilité progressive de la puissance du moteur sans qu'intervienne une variation sensible de sa vitesse angulaire.

Ce qui revient à dire que la « boîte de vitesse » (à 3 ou 4 vitesses) peut être remplacée par un « changement de vitesse » sans engrenage, donc très simplifié, à nombre de vitesses non limité et parfaitement progressif. D'où une *souplesse* et une *facilité* de manœuvre très supérieures.

En outre, plus de *solidité* et plus de *silence*.

Pas plus d'encombrement, et pas plus de poids, au contraire.

2°. — Il découle nécessairement de ce qui précède (et notamment du fait qu'il y a adaptation toujours parfaite entre la puissance fournie par le moteur fonctionnant constamment dans des conditions de rendement optimum et la puissance absorbée par la voiture à tous ses régimes de marche) que la consommation sera réduite dans tous les cas au minimum possible.

D'où *économie d'essence*, attendu que dans les voitures actuelles cette rigoureuse adaptation de puissances n'est jamais réalisée de façon constante.

Ainsi (fait nouveau fort intéressant, surtout dans les voies encombrées où les ralentissements et les sur place sont si fréquents) la consommation du moteur est exactement proportionnée à la puissance utilisée.

Son prix de revient est analogue, sinon inférieur au prix des moteurs actuels.

L'AVION D'ESCADRE

ET DE BOMBARDEMENT

et

LES AILES-COQUES

R. DESMONS

L'Avion d'escadre et de bombardement fut étudié pour répondre au programme essentiel fixé par la LIGUE AÉRIENNE FRANÇAISE en vue de la constitution d'une armée aérienne homogène de manœuvre et d'offensive, à grand rayon d'action, destinée à porter la guerre en territoire ennemi.

Ce programme était ainsi défini :

« L'Avion d'escadre et de bombardement peut prendre pour critérium le raid Nancy-Essen qui représente environ 600 kilom. aller et retour. Telle est donc la distance minima qu'il doit pouvoir fournir sans escale et en se maintenant à une hauteur suffisante (soit 2.000 m. en moyenne), l'invisibilité étant, en cours de route, une condition évidemment essentielle de sécurité.

« En outre :

« Il doit emporter un important chargement de bombes ;

« Il doit aussi, quoique devant opérer en nombre, représenter une valeur combattante effective ;

« Il doit enfin être robuste et "usinable" c'est-à-dire assez bien étudié dans toutes ses parties pour pouvoir être reproduit en séries ».

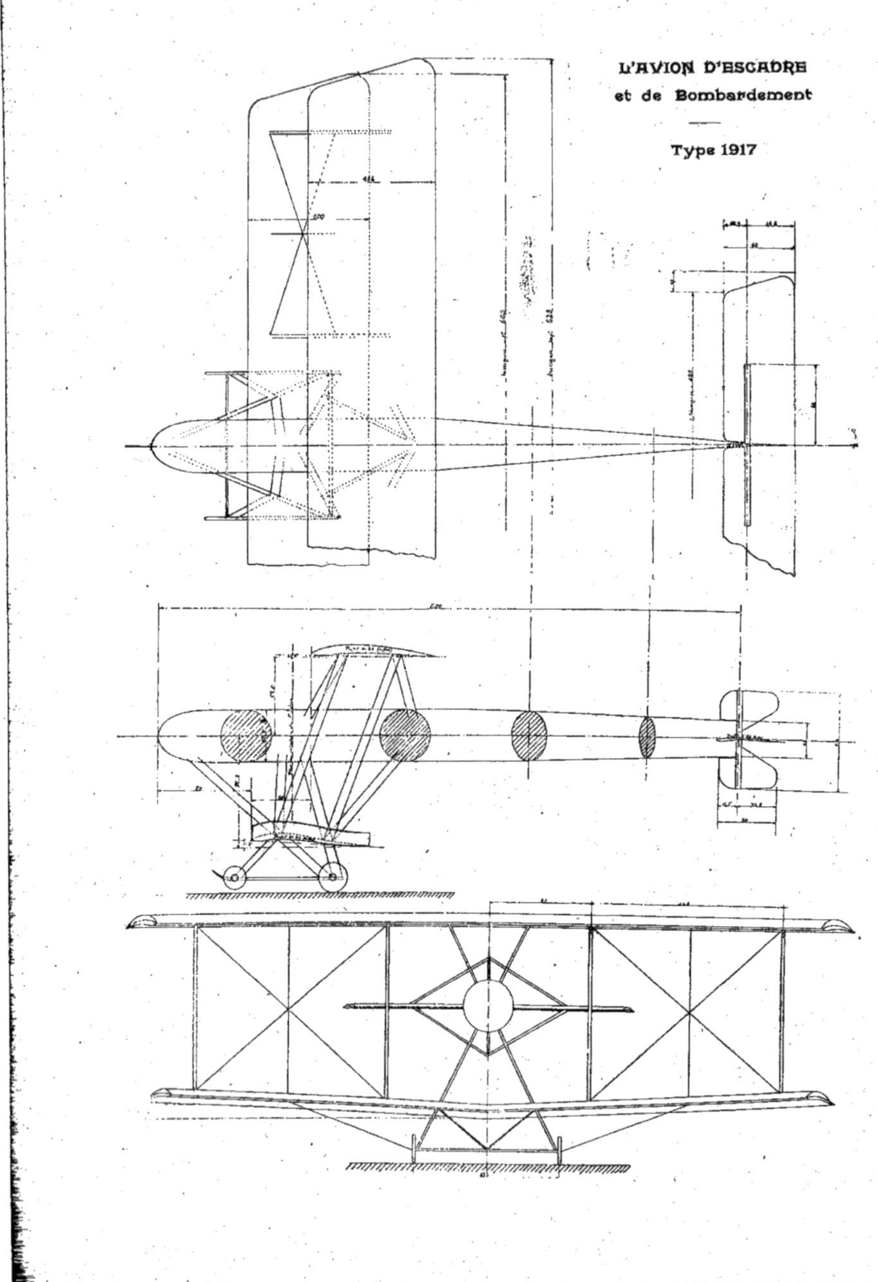

L'AVION D'ESCADRE
et de Bombardement
Type 1917

L'Avion de Bombardement N° 1

Au Centre d'Études de la L. A. F., M. R. Desmons, ingénieur en Chef des Travaux établit deux avant-projets très voisins, mais dont le second présente quelques améliorations par rapport au premier.

Description

Le premier modèle comporte :

1° - Une *cellule* composée de deux ailes inégales ; l'aile supérieur est décalée en AR par rapport à l'aile inférieure (l'angle de la corde de l'aile inférieure avec la droite réunissant les bords d'attaque des ailes est de 71°30'). Le profit de l'aile supérieure est celui de l'aile N° 36 (Eiffel), le profit de l'aile inférieure celui de l'aile N° 32 (Eiffel). L'écartement relatif est très accentué, il est de 1,5 dans le plan vertical de symétrie de l'avion.

Les caractéristiques de la cellule sont :

	AILE SUP^re	AILE INF^re
Envergure	12,50^m	12,00^m
Profondeur	2,10^m	2,00^m

Ecartement des bords d'attaque des ailes dans le plan vertical de symétrie... 8,00°

2° - Un *Fuselage* central placé entre les ailes qui porte les moteurs, le personnel, les bombes et l'armement. Il est coupé au droit des hélices ; un pilote et sa mitrailleuse sont placés en AR de celles-ci, tandis que l'autre pilote et sa mitrailleuse sont placés à l'avant du fuselage devant les hélices.

3° - Un *Train d'atterrissage* très bas à quatre roues qui est fixé sous l'aile inférieure.

4° - Un *Gouvernail de profondeur* et un *Gouvernail de direction* fixés à l'arrière du fuselage central

Les *Dimensions d'Encombrement* de l'avion sont

Envergure	12^m 50
Longueur	10^m 80
Hauteur	4^m 00

Les *Dimensions des Surfaces* sont :

Cellule (ailerons compris)	48^m2 00
Ailerons	.. ..
Gouvernail de profondeur	6^m2 24
Gouvernail de direction	1^m2 30

Le *Détail des Poids*, d'après le projet serait :

Planeur	650 kg
Groupe Moto-propulseur	610 »
2 hommes, 2 mitrailleuses et instruments de bord	270 »
Bombes	300 »
Combustible et réservoirs pour 600 km à 3.000 m. + 1 heure de vol au sol	400 »
Poids total	2.280

Le *Groupe moto-propulseur* est constitué par deux moteurs Hispano-Suiza de 200 ch. Chacun de ces moteurs actionne une hélice à deux pales. Les axes de ces hélices sont confondus. Au moyen d'un dispositif spécial, (Coupleur d'hélices R. Desmons) on peut rendre solidaires ou indépendantes les deux hélices.

Réalisé en maquette au 1/20 et essayé en soufflerie au laboratoire Eiffel, les résultats furent les suivants :

ÉLÉMENTS DE LA RÉSULTANTE (Modèle au 1/20)

Eléments de la résultante	Angles de la corde de l'aile supérieure et du vent			
	0°	5°	10°	15°
Rx (gr/10m : sec)............	46	70, 8	115, 5	194
Ry (d°)............	204, 8	457, 6	675, 5	823
$\dfrac{Rx}{Ry}$	0, 224	0, 155	0, 171	0, 236

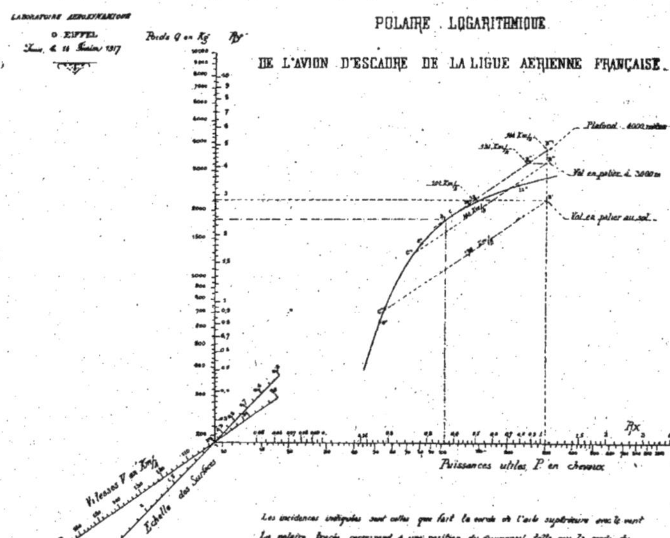

La polaire logarithmique tracée d'après ces résultats permet de prévoir, pour l'appareil en grandeur, les performances suivantes :

Performances

La puissance utile étant de : $400 \times 0,75 = 300$ CV.

Pour un rendement d'hélice de	75 °/₀
Vitesse en palier au sol	176 Km/H.
— — à 3000ᵐ	160 Km/H.
Plafond à 4000ᵐ	
Vitesse en palier au plafond..............	140 Km/H.
Puissance utile minimun................	140 CV
Vitesse minimum en palier au sol.........	108 Km/H.

Le poids par cheval étant de : .... $\dfrac{2280}{400} = 5,56$ kg/ch

Le poids par mètre carré étant de : .... $\dfrac{2280}{48} = 46,5$ kg/m²

Les temps de montée s'établissent comme suit, d'après les abaques :

Altitude	1000 m	2000 m	3000 m
Temps de montée	5'	12'	25'

Vol avec un moteur sur deux :

Le « coupleur d'hélices » permet de conserver un même rendement d'hélice dans le cas d'arrêt d'un des moteurs, ce qui accroît singulièrement la sécurité de l'aviateur et son avantage sur les autres bi-moteurs ou mono-moteurs.

On peut lire sur la polaire que dans le cas d'arrêt volontaire ou accidentel d'un des deux moteurs le vol et la maniabilité de l'appareil restent possibles surtout si l'on envisage un délestage correspondant au « lacher » des 300 Kgs de bombes et à la consommation ou à la vidange de 100 Kgs d'essence.

Dans ces conditions la vitesse en palier au sol reste égale à 129 Km/H et le plafond est encore de l'ordre de 2000 m.

Conclusions des Rapporteurs

Après l'examen de ce projet les conclusions formulées par le Conseil technique de la L. A. F. furent les suivantes :

Monsieur le Colonel Roche, Directeur de l'Ecole Supérieure d'Aéronautique, écrit notamment :
« Le projet d'Avion d'Escadre de la Ligue Aérienne Française paraît bien conçu au point de vue « de l'Aérodynamique; d'autre part, il satisfait aux conditions que doit remplir un bon appareil de «.bombardement.

. . . .

« L'appareil proposé est intéressant par sa vitesse et le poids utile qui sont annoncés, et qui, si « ces prévisions se réalisent, permettraient d'exécuter à grandes distances des bombardements propres « à démoraliser l'ennemi, bombardements qu'il est nécessaire d'organiser sans retard ».

Signé : **J. B. ROCHE.**

Et Monsieur Daniel BERTHELOT de l'Institut s'exprime en ces termes :

« *Le fuselage, les dispositifs de la voilure, les profils des ailes, l'armement, la position du tireur,*
« *ont été très minutieusement et judicieusement combinés en vue du but à atteindre.*

« *Le dispositif de propulsion de l'appareil présente des particularités des plus remarquables. Le*
« *groupe moto-propulseur est formé de 2 moteurs Hispano-Suiza de 200 chevaux commandant chacun*
« *une hélice à deux pales, et l'appareil peut voler soit avec les 2 moteurs dans des conditions de rende-*
« *ment excellentes, soit avec un seul moteur, dans des conditions moins bonnes mais encore très suffisantes.*

. . . .

« *En résumé, l'appareil est bien conçu, bien étudié et il serait d'une haute importance d'en cons-*
« *truire un modèle en vraie grandeur, car une fois la mise au point effectuée, notre armée de l'air y*
« *trouverait une arme nouvelle et très efficace.* »

Signé : **Daniel BERTHELOT.**

L'Avion de Bombardement N° 2

Ce deuxième modèle est très analogue au N° 1, à quelques modifications près, avec toutefoi des résultats supérieurs.

Description

Les modifications ont porté seulement sur la *Cellule* dont la surface a été augmentée jusqu'à 56, 6 m^2. L'écartement a été diminué; il est de 2^m, 70, Afin de permettre le fonctionnement de l'hélice au-dessus de l'aile inférieure, celle-ci a en plan la forme d'un V dont la pointe est dirigée vers l'avant.

Enfin le profil des ailes a été également modifié, il est plus plat que celui employé dans le premier modèle.

Le *fuselage*, le *train d'atterrissage*, les *gouvernail*, le *groupe moto-propulseur* et le *détail des poids* sont les mêmes que ceux du premier modèle.

Cet appareil réalisé en maquette au 1/20 a été expérimenté au Laboratoire Eiffel en souffleu ret les résultats de ces essais ont été les suivants :

ÉLÉMENTS DE LA RÉSULTANTE

Modèle au 1/20

Éléments de la résultante	Angles de la corde de l'aile supérieure et du vent			
	0°	5°	10°	15°
Rx/ (gr /10m : sec)......	41,9	60,2	105,8	214,8
Ry (id,)......	150,2	456,1	726,6	923,5
Rx/Ry	0,277	0,132	0,146	0,233

Le tracé et l'examen de la polaire logarithmique tracée d'après les résultats de ces expériences permettent de déterminer les performances de cet appareil en vrai grandeur.

POLAIRE LOGARITHMIQUE

DE L'AVION D'ESCADRE N°2 DE LA LIGUE AÉRIENNE FRANÇAISE

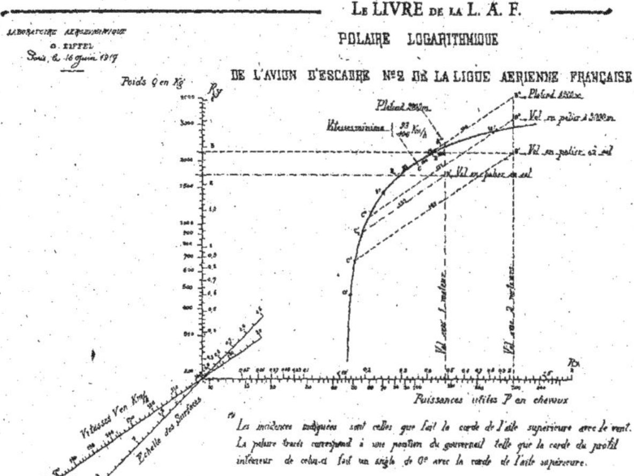

Performances

Ces performances s'établissent comme suit :

Vitesse en palier au sol	181 K/H
— — à 3000 m	171 »
Vitesse minimum en montée au sol	106 »
— au plafond	144 »
PLAFOND	4900ᵐ »
Temps de montée à 1000 m	4'
— — à 2000 m	10'
— — à 3000 m	20'

Vol avec un moteur sur deux :

En admettant un délestage de 500 Kg dont 300 Kg de bombes et 200 Kg d'essence.

Le dispositif d'hélice à 4 pales imaginé par M. DESMONS, Ingénieur Chef des Travaux du Centre d'Études Techniques et Pratiques de la Ligue Aérienne, permet d'accoupler au moment de l'arrêt de l'un des moteurs, l'autre moteur avec une hélice à deux pales qui ne diminue pas la vitesse de rotation du moteur.

On peut compter sur une puissance utile de 200.0,7 = 140 ch, 0,7 étant le rendement supposé de l'hélice.

Dans ces conditions, la vitesse au sol est de 137 Km/H. et le plafond de 2900 m. Le vol avec un moteur est donc possible.

(Rapelons que pour le premier modèle, la vitesse en palier au sol était de 129 Km/H, et le plafond de 2000 m.).

Les résultats cités plus haut montrent nettement la supériorité du second modèle. L'augmentation de la surface et la modification du profil ont (malgré la diminution de l'écartement des plans) contribué à l'augmentation de la vitesse non seulement à 3000 m, mais également au sol, ainsi qu'à l'amélioration des temps de montée. La hauteur du plafond est passée de 4000 à 4900 m.

Tableau Comparatif

Fin, 1916, entre plusieurs modèles d'Avions de Bombardement, l'Etat disposait d'un appareil dû à un éminent ingénieur, (l'Avion B), qu'il utilisa malheureusement fort peu, et dont les qualités dépassaient pourtant de beaucoup celles de tous les autres appareils en service.

*Entre l'**Avion B** et l'**Avion L. A. F.** que venait de déterminer M. DESMONS, il est intéressant de comparer les performances.*

Avion B

Biplan mono-moteur 225 HP, 20 m. d'envergure. Rayon d'action 780 kilom.

Poids total en ordre de marche : 2.100 kilos, ainsi décomposés : Planeur 850; Moteur 500; Pilote et observateur-mitrailleur 160; Essence et huile pour 6 heures 330; mitrailleuse et appareils de bord 60; projectiles 200 kilos.

Prix de revient, en unité, environ 65.000 francs.

Vitesse : 130 kilomètres à l'heure à 2000 mètres, 125 kilom. à 3000 m.

Sa vitesse, son rayon d'action, son armement, son chargement, établissent que l'*Avion B* disposait d'une capacité combative et d'une capacité destructive qui le rendaient apte à atteindre les buts que nous proposions, et d'abord l'arsenal d'Essen. Il pouvait donc servir d'instrument, étant par ailleurs parfaitement « usinable », à un vaste plan d'action militaire en territoire ennemi. Il fournissait la preuve, à lui seul, que la théorie de la Ligue était réalisable dès fin 1916.

Elle l'était bien plus encore avec l'Avion L. A. F., quelques mois à peine plus tard!

Avion L. A. F.

Biplan bi-moteur 400 HP, 12ᵐ 50 ou 15ᵐ d'envergure. Rayon d'action 1000 kilomètres.

Il emporte : 2 hommes; 1 canon de 37 pour le tir des petits obus à mitraille ou des boulets ramés; une mitrailleuse; 800 à 1000 kilos de projectiles.

Prix de revient, en unité, environ 70.000 francs.

Vitesse : 180 kilom. à 2000 m.; 170 kilom. à 3000 m. Plafond : 4.900 m.

Les moteurs sont dans le fuselage. Le canon (et le canonnier) placé à l'extrême-avant de ce fuselage, en raison de la position particulière des hélices auxquelles il se trouve adossé, dispose d'un admirable champ de tir n'ayant aucun obstacle ni devant lui, ni à sa droite, ni à sa gauche, ni au-dessus. La mitrailleuse, placée à l'arrière, près du pilote, dispose également d'un champ de tir très étendu. Les deux champs nous donnent la « sphère complète d'artillerie ».

Il est évident que le tir à travers l'hélice (système Garros) ou le tir à travers le moyeu (système Fokker) ne sauraient rivaliser avec cette disposition nouvelle.

Les deux aviateurs sont de tous côtés protégés pour leur permettre de résister au froid qui interdit de longs raids. Leur rayon visuel s'étend dans tous les sens, même, comme sur les Caproni, au-dessous d'eux.

Ceci se passe de commentaires. Si fin 1916 le remarquable Avion B nous donnait déjà satisfaction, dès le début de 1917 l'Avion L. A. F., supérieur dans tous ses effets (vitesse, plafond, montée, rayon d'action, capacité de transport, sécurité du vol par 2 moteurs ou 1 moteur, armement, capacité d'attaque et de défense), nous offrait enfin le modèle le plus parfait d'Appareil de bombardement digne d'être constitué en escadres.

Ici, comme dans tout ce qui suivra, la L. A. F., en proposant un plan d'action militaire, fournit les éléments pour le réaliser.

LE TYPE 1925

L'Avion d'escadre et de bombardement de demain doit s'adapter aux perfectionnements que la science permettra de réaliser grâce aux découvertes déjà faites et à celles dont la mise au point d'utilisation semble en bonne voie de prompt aboutissement.

Grâce aux progrès actuels ou à venir dans un délai certainement assez court de la télémécanique et de la commande à distance par ondes hertziennes, l'escadre aérienne de bombardement semble devoir être composée d'avions sans pilote manœuvrés soit du sol, pour l'attaque des objectifs rapprochés, soit du bord d'un « avion-amiral » de même type apparent que les appareils porte-bombes.

L'unité d'une telle escadre n'a pas besoin de grandes capacités de vitesse mais elle doit pouvoir transporter une charge importante, voler à altitude élevée pour échapper aux observateurs terrestres, et être d'une simplicité de manœuvre maximum pour pouvoir être facilement gouvernée à distance.

Elle doit en outre être pratiquement aussi invulnérable que possible.

Description

L'avion d'escadre R. Desmons type 1925, procédant de ces conceptions de principe est étudié avec une stabilité naturelle optimum obtenue par l'emploi d'une forme de voilure spéciale qui assure une parfaite stabilité longitudinale (le centre de réaction de l'air restant constant longitudinalement pour toutes les incidences de vol) et une bonne stabilité transversale (aile trapézoïdale en dièdre).

En vue de simplifier sa manœuvre, il est prévu mono-moteur.

Pour lui donner une invulnérabilité maximum, sa réalisation est prévue, tant pour les ailes que pour le fuselage et l'empennage, *sans aucune pièce de charpente essentielle* ce qui fait que la blessure produite par tout projectile qui ne sera pas un obus arrachant *complètement* en l'émiettant sur place une *partie importante de l'avion* sera sans effet pratique sur ses qualités de vol.

Cet appareil est essentiellement composé d'une voilure monoplane à profil épais (type 26 A. S T. Ae), dont la projection horizontale est nettement trapézoïdale, la profondeur au milieu de l'envergure étant double de la profondeur aux extrémités d'aile.

L'incidence est variable tout le long de l'envergure dans une très forte proportion : elle passe de + 2°30' à l'encastrement d'aile à - 6°, à l'extrémité de l'envergure (par rapport à l'axe de traction de l'hélice).

C'est cette « torsion » importante qui permet de réaliser une des caractéristiques essentielles de l'avion : la constance longitudinale du centre de poussée pour toutes les incidences de vol. L'obtention de ce résultat a été vérifiée par un essai sur maquette d'étude (T.24) au laboratoire aérodynamique de Saint-Cyr (Janvier 1925).

La surface de voilure est de 90 mètres carrés pour une envergure de 24 mètres 50. La profondeur d'aile varie de 4 m. 90 à l'attache au fuselage à 2 m. 45 aux bouts d'ailes.

Le fuselage, le train d'atterrissage et l'empennage sont de forme classiques.

Le groupe moto-propulseur comporte un moteur de 600 CV actionnant directement une hélice bi-pale montée sur son arbre vilebrequin.

Le poste de pilotage mécanique (par commandes hertziennes à distance) est installé dans le fuselage ainsi que les divers lance-bombes et leurs organes de manœuvre télé-mécanique.

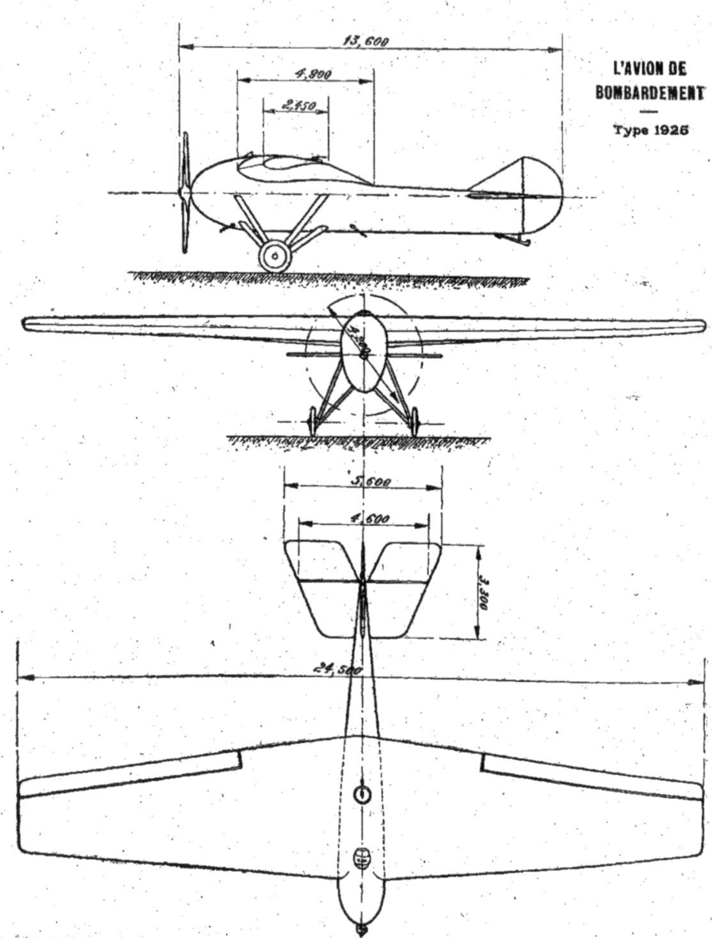

13,600
4,800
2,450
L'AVION DE
BOMBARDEMENT
Type 1925
5,600
4,600
3,300
24,500

LES AILES-COQUES [1]

En vue de réaliser au maximum *l'invulnérabilité de l'appareil* par les balles de fusil ou de mitrailleuses ou même par des projectiles de plus gros calibre n'explosant pas au choc, il a été prévu l'application d'un mode spécial de fabrication des ailes que son inventeur, M. R! Desmons, désigne sous l'appellation « d'ailes-coques ».

Cette méthode consiste en ceci :

« Réaliser des « surfaces » en bois d'une manière un peu analogue à ce que sont les coques de bateaux en « bordés » multiples, c'est-à-dire par superposition de lames de bois d'orientation différente pour chacune des « couches » prévues, ces couches étant réunies entre elles de manière à constituer un tout rigide sans « point » ou « ligne » d'assemblage, par des rivets très rapprochés qui assurent une bonne liaison des lames superposées et évitent tout glissement relatif entre ces lames.

« Mais ce que notre procédé comporte de nouveau et qui est de nature à améliorer les qualités de résistance et de constance de forme de l'ensemble réalisé réside dans l'emploi d'essences de bois différentes pour les diverses lames superposées, ces essences étant convenablement choisies pour que leurs tendances à déformations se freinent mutuellement et dans la manière d'obtenir, sinon toutes les lames, du moins celles orientées dans le sens du travail maximum de la pièce, non par sciage (ce qui, sur les faibles épaisseurs employées, donne lieu à des discontinuités des fibres du bois correspondant à des réductions très considérables des taux de travail acceptables pour ces matériaux), mais par fendage.

« Il n'est pas douteux que ces modifications aux modalités de réalisation des ailes moulées en bois sont de nature à améliorer considérablement leurs qualités de résistance et d'indéformabilité par rapport aux tentatives plus ou moins analogues déjà réalisées.

« Dans les régions travaillant normalement plutôt en traction qu'en compression il sera interposé, entre les lames de bois, une ou plusieurs toiles.

« L'ensemble des ailes sera réalisé en deux « coquilles moulées » séparément, l'une constituant la surface dorsale, l'autre la surface ventrale ; elles seront ensuite juxtaposées et fixées l'une à l'autre par l'intermédiaire d'une pièce massive correspondant à la ligne de périmètre de l'aile et liées, accessoirement, par des pièces légères intérieures qui concourront à assurer la constance de forme de l'ensemble. »

Il est évident que, dans ces conditions, cette voilure *ne comportant pas de pièce essentielle de charpente* ne pourra *pas être atteinte* dans un organe dont la destruction ou la cassure entraîne la chute de l'appareil ou son incapacité de vol.

.*.

Le fuselage et les plans d'empennage seront eux aussi réalisés en « coques-bois » suivant des méthodes analogues permettant la suppression de toutes pièces essentielles de charpente invulnérables.

Le devis des poids de réalisation peut être établi comme suit :

Moteur (600 CV)............................	800 Kg.
Voilure (90 m)..............................	1000 »
Fuselage.....................................	200 »
Atterrisseur.................................	200 »
Empennage...................................	100 »
Poids transporté (combustible ou bombes)............	2000 »
Total..................	4300 Kg.

(1) A l'imitation des Allemands, on mit à la mode les avions métalliques. On en revient. Les bois, convenablement traités, sont aussi résistants, beaucoup plus légers, plus souples et beaucoup moins chers. Ajoutons ici, et grâce au système exposé, beaucoup moins vulnérables.

Suivant que l'on prévoit l'emploi de cet appareil pour l'attaque d'objectifs rapprochés ou éloignés on pourra adopter la distribution convenable du poids transporté en combustible et projectiles.

La consommation horaire étant de 150 kilogrammes environ,
et la vitesse moyenne, à altitude d'utilisation, étant de l'ordre de 165 Km/H,
le rayon d'action désiré déterminera la charge de bombes à emporter,
et par exemple, pour un minimum de 200 Kgs de projectiles, le but à bombarder peut être prévu éloigné de 1000 kilomètres de la base de départ de l'escadre (1800 Kgs de combustible permettant de réaliser un vol sans escale de 2000 kilomètres en 12 heures environ).

En se basant sur les résultats d'essais de maquette faits sur un appareil d'étude (T. 24) comportant une voilure semblable à celle prévue pour la réalisation de l'avion d'escadre, on peut tracer la polaire logarithmique et prévoir les performances de vol dans les différentes conditions d'utilisation.

DÉTERMINATION DE LA POLAIRE

(Appareil en grandeur)

Eléments de la résultante	Angle de la corde de l'aile à l'encastrement du vent			
	— 1°55	+ 4°6	+ 10°8	17°
Ry	1,686	4,380	6,780	8,40
Rx	0,264	0,381	0,666	1,086

En prenant 75 °/₀ comme valeur de rendement de l'hélice, la puissance utile est de :
$$600 \times 0,75 = 450 \text{ CV.}$$

Performances

Les performances de l'appareil, à pleine charge, s'établissent donc comme suit :

Vitesse en palier au sol............................ 181 Km/H.
  —   à 1000 m........................ 176 »
  —   à 2000 m........................ 172 »
  —   à 3000 m........................ 168 »
  —   à 4000 m........................ 162 »
  —   à 5000 m........................ 157 »
  —   à 6000 m........................ 148 »
Plafond.. 6500 m
Vitessse au plafond............................... 136 Km/H.

L'altitude d'utilisation correspondant au vol avec l'axe de propulsion horizontale (incidence + 2°30') ressort à 4000 m. environ.

Pour le voyage de retour, après délestage des projectiles (1000 Kgs) et de la moitié du combustible (500 Kgs) le poids total étant ramené à 2800 Kgs, le plafond de l'appareil est considérablement augmenté (9800 mètres) et son altitude d'utilisation dans les conditions prévues plus haut devient égale à 7000 mètres.

La vitesse de translation de cette altitude est de 160 Km/H.

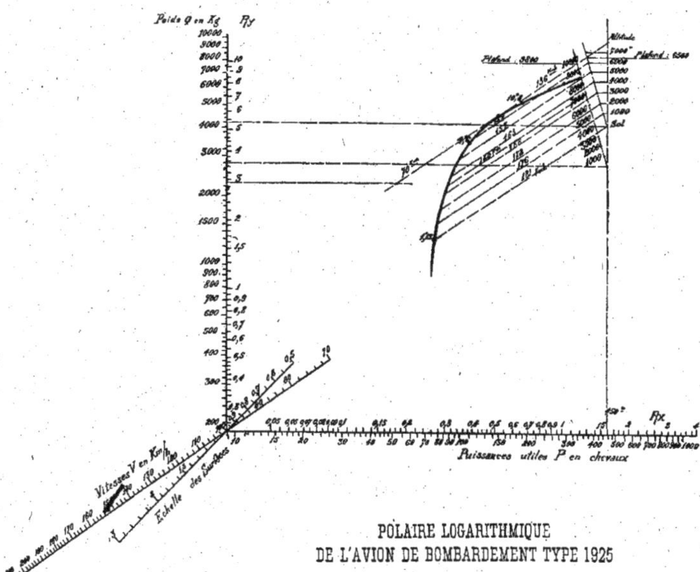

POLAIRE LOGARITHMIQUE
DE L'AVION DE BOMBARDEMENT TYPE 1925

Au retour à la base si l'on considère l'appareil délesté de la totalité de ses projectiles et de l'entière provision de combustible, son poids total étant, de ce fait, ramené à 2300 Kgs,
la vitesse d'atterrissage se réduit à 70 Km/H.

Quant aux temps de montée à pleine charge on peut les déduire de la lecture des abaques Eiffel.

La charge au cheval étant de......................... 7 Kº 15
La charge au mètre carré étant de................... 47 Kº 5
L'appareil montera à 1000 m. en................... 6 minutes
— à 2000 m. en................... 18 »
— à 3000 m. en................... 24 »
— à 4000 m. en................... 40 »
— à 5000 m. en................... 60 »

Résultats

Il y a de Nancy à Essen 3oo kilomètres environ en ligne droite. [1] .

Si l'on se propose l'attaque et la destruction d'Essen par exemple par une escadre (non de 5.ooo Avions) mais seulement de 5oo avions de Bombardement du type 1925 on peut concevoir que :

L'Escadre mettra 25 minutes pour atteindre 3ooo m. où elle sera invisible. Elle mettra (commandée ou non par télé-mécanique) 2 à 3 heures pour atteindre Essen.

Ce qui revient à dire que 3 à 4 heures après l'ordre de départ et d'attaque donné à Nancy, Essen sera frappée par plus de 5oo.ooo kilos de projectiles.

Ce chiffre donne une idée exacte des devastations possibles.

Dans le cas où ces bombes contiendraient des gaz asphyxiants, les agglomérations industrielles d'Essen seraient non pas detruites, mais peuplées seulement de cadavres.

Cela donne aussi une idée de ce qui résulterait dans l'autre sens, pour Paris par exemple, si la même force venait l'atteindre dans les mêmes conditions.

Par conséquent, qui n'envisage pas la suprématie de l'air par l'avion de guerre, envisage nécessairement par contre l'irrémédiable dévastation de son pays, et avoue criminellement s'y résigner.

---

[1] De Mézières, par exemple, le trajet est plus court encore.

L'AVION DE BATAILLE

de M. R. DESMONS

LE TYPE 1917

Le progamme d'étude de l'Avion de Bataille fut élaboré par la L. A F. en vue de créer un engin de combat à puissance offensive et défensive maxima.

Il devait pouvoir emporter un équipage de quatre combattants, être armé en attaque et défense dans toutes les directions possibles sans angle mort, et être capable d'une vitesse de l'ordre de celle des avions légers de chasse qu'il devait suivre aussi dans leur ascension aux hautes altitudes.

L'appareil étudié sur ce programme par M. R. DESMONS, Ingénieur en Chef du Centre d'Etudes de la L. A. F., donna aux essais de maquette en laboratoire (rapport de M. Eiffel) de très remarquables résultats eu égard à l'époque à laquelle il fut conçu.

Description

Les caractéristiques de conception de l'avant projet de cet avion sont :

1°. — Une *Cellule* composée de deux ailes inégales, l'aile inférieure est en flèche et sa surface est légèrement inférieure à celle de l'aile supérieure;

2°. — Deux *Fuselages* placés entre les ailes et qui portent le moteur, le personnel et l'armement. Chacun des fuselages est interrompu au droit des hélices ; un homme avec un canon (ou une mitrailleuse) sont placés en AR de celles-ci tandis qu'un autre homme avec une mitrailleuse (ou un canon) sont placés à l'avant du fuselage devant les hélices;

3°. — Un *Train d'atterrissage* très bas à 6 roues qui est fixé à l'arrière des fuselages.

4°. — Des *Gouvernes* qui sont fixées à l'arrière des fuselages.

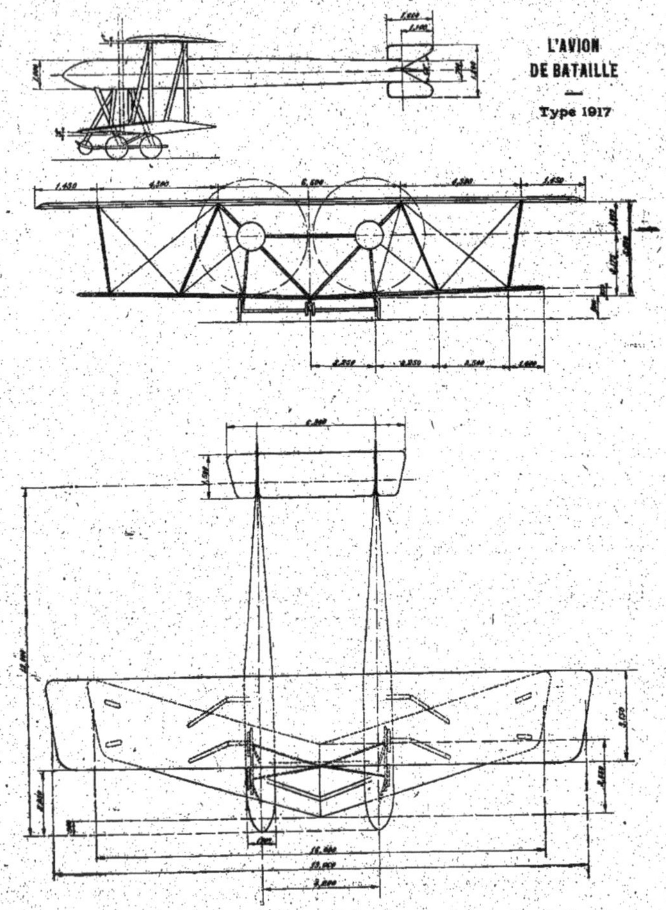

L'AVION
DE BATAILLE
—
Type 1917

Les *Groupes-Moto-Propulseurs* au nombre de deux sont constitués chacun par deux moteurs Lorraine-Dietrich de 270 ch. Chacun de ces moteurs actionne une hélice à deux pales, les axes de ces hélices sont confondus; au moyen d'un dispositif spécial (coupleur d'hélices R. Desmons) on peut rendre solidaires ou indépendantes les deux hélices. Les largeurs des pales des deux hélices ne sont pas les mêmes; en cas d'arrêt d'un moteur, l'autre moteur est accouplé à l'hélice à pales plus étroites. Ce dispositif ingénieux a pour effet de maintenir à son régime normal le moteur qui a continué à fonctionner.

Les *dimensions d'Encombrement* sont :

Envergure.. 19^m
Longueur.. 12^m 100
Hauteur.. 4^m 23

Les *dimensions des Surfaces* sont :

Cellule (ailerons compris)............................... 100^{m2}
Ailerons...
Gouvernail de profondeur............................... 9^{m2}
Gouvernail de direction................................. 2^{m2} 35

Le *détail des Poids* d'après le projet serait :

Planeurs et réservoirs................................... 1000 Kg.
Groupe moto-propulseurs............................... 1500 Kg.
4 hommes, 2 canons et 2 mitrailleuses................... 600 Kg
Combustible pour 2 h. 1/2 de vol au sol................. 600 »
Poids total.................................... 3700 Kg.

Soumis à l'expérimentation en soufflerie au laboratoire Eiffel, il donna les résultats suivants :

ÉLÉMENTS DE LA RÉSULTANTE
(Modèle au 1/20)

Eléments de la résultante	Angles de la corde de l'aile supérieure et du vent				
	$-5°$	$0°$	$+5°$	$10°$	$15°$
Rx (gr/10 m : sec)	72,8	65,6	95,5	182,5	360
Ry id.	270,2	226,6	724,6	1155,7	1420,8

Le modèle étant au 1/20 les efforts sur l'avion en grandeur exprimés en kg/m : sec, seront $\frac{10^2}{20^2}$ 1000 = 250 fois plus faibles que les chiffres figurant dans le tableau ci-dessus. D'autre part, les fils de haubannage et les radiateurs ne figuraient pas sur le modèle.

Il y a sur l'avion 150 m. de fils fuselés de 4 m/m; leur résistance est de : $150 \times 0,004 \times 0,20 = 0,012$ kg./sec.

La résistance des radiateurs du type Cuau serait de 0,016 kg/m : sec. Nous avons tenu compte de cette augmentation de résistance dans le tableau ci-dessous.

ELÉMENTS DE LA RÉSULTANTE
(Appareil en grandeur)

Eléments de la résultante	Angles de la corde de l'aile supérieure et du vent				
	— 5°	0°	+ 5°	10°	15°
Rx (kg/m : sec)	0,319	0,290	0,410	0,759	1,468
Ry id.	1,087	0,908	2,897	4,630	5,690
Rx/Ry	»	0,321	0,142	0,164	0,258

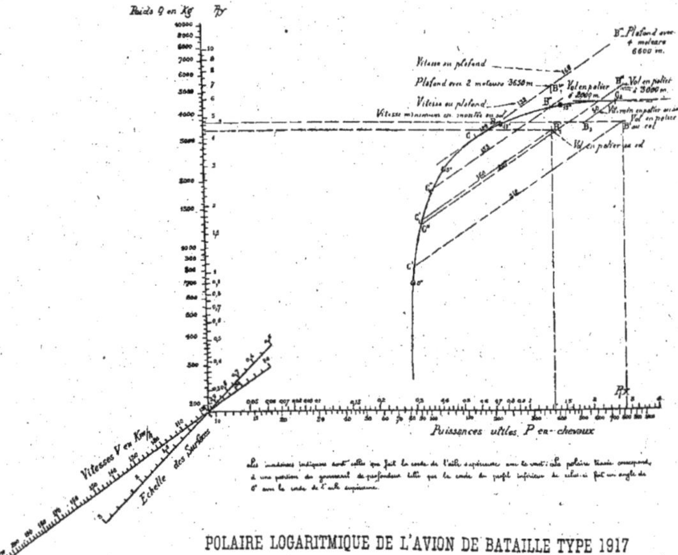

POLAIRE LOGARITMIQUE DE L'AVION DE BATAILLE TYPE 1917

L'interprétation de la polaire logarithmique tracée d'après les chiffres résultant de ces essais donne comme performances possibles :

Performances

La puissance utile des 4 moteurs étant de $1080 \times 0,75 = 810$ CV
Le rendement de l'hélice étant calculé à 75 °/₀

La vitesse en palier au sol ressort à .... 212 Km/H.
La vitesse en palier à 3000 m. ressort à,.......... 207 »
Le plafond est de 6600 m.
La vitesse au plafond est de .... 168 Km/H
La puissance minimum nécessaire au vol en palier au sol est de 215 CV.
et la vitesse minimum en montée au sol est de 109 Km/H.
La vitesse minimum en palier au sol se réduisant à 97 Km/H.

Le poids par cheval étant de $\dfrac{3.700}{1.080} = 3.43$ kg/ch.

Le poids par m² étant de .... $\dfrac{3.700}{100} = 37$ kg/m²

Les temps de montée calculés d'après nos abaques seront de :

   5 minutes à 2000 m.
    8 — à 3000 m.
  et de 13 — à 4000 m.

L'avion de bataille peut d'ailleurs voler avec la moitié de sa puissance, particulièrement si l'on admet un delestage de 300 kg. de combustible ou d'armement (projectiles).

Le tableau suivant donne la comparaison des performances dans le cas de marche à pleine puissance (4 moteurs) et dans celui de marche à demi puissance (2 moteurs).

Dans ce dernier cas le rendement des hélices à été supposé réduit à 70 °/₀.

	Vol avec 4 moteurs	Vol avec 2 moteurs
Vitesse en palier au sol....................	212	160
— — à 2000 m................		153
— — à 3000 m................	207	
— minimum en montée au sol........	109	
— au plafond.....................	168	182
— minimum au sol..................	90	
Plafond............................	6600	3650
Temps de montée à 2000 m..............	5 min.	
— à 3000 m..............	8 »	
— à 4000 m.............	13 »	

L'Avion de bataille type 1925

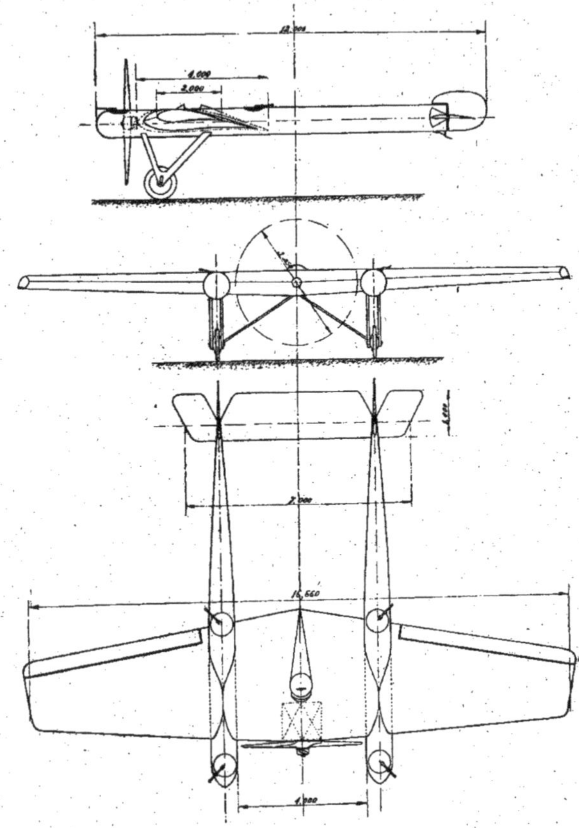

LE TYPE 1925

UN ROI DE L'AIR

L'avion de bataille doit pouvoir attaquer les escadrilles de chasse enne-mies, accepter le combat avec les unités aériennes les mieux armées et pouvoir se mesurer avec avantage contre tout aéronef ou groupe d'aéronefs de toute sorte.

Sa vitesse doit être plus grande que celle de ses adversaires, sa mania-bilité en altitude doit être supérieure à celle des plus légers chasseurs et son armement offensif doit être aussi puissant et aussi efficace que possible.

Description

Afin d'assurer cette dernière qualité à l'avion de bataille de demain, la disposition bi-fuselage avec quatre combattants disposés deux par deux dans les fuselages, en avant et en arrière de la voilure, a été observée. Elle permet de prévoir une « sphère » de tir complète et la suppression de tout « angle mort ».

Pour obtenir un appareil rapide et maniable, la forme monoplane à profil très fin a été choisie, la finesse de l'avion étant maximum du fait que les fuselages et les moteurs sont partiellement noyés dans l'épaisseur de l'aile. Cette voilure est prévue assez grande de manière à réduire la charge au mètre carré qui permet la réalisation de plafonds importants, la charge au cheval étant elle aussi minimum. D'ailleurs le vol rapide aux hautes altitudes sera facilité par l'adoption de moteurs suralimentés et d'un coupleur d'hélices permettant la bonne utilisation de cette suralimentation.

La voilure est monoplane de 50 mètres carrés de surface totale à projection horizontale trapé-zoïdale de 16 m. 66 d'envergure, de 4 m. de profondeur au milieu de l'envergure et 2 m. de profondeur aux extrémités d'ailes.

Le profil est du type épais (17,6 %) 6.C. (S. T. Ae).

Il est monté à incidence de 3° sur l'axe de propulsion, cette inclinaison correspond à la finesse maximum du profil.

L'aile, sans haubans, peut être réalisée utilement en « coque » c'est-à-dire sans carcasse essen-tielle intérieure, le revêtement bois en « bordé » multiple assurant sa rigidité et résistant à tous les efforts supportés. Elle peut aussi être construite, entoilée, avec charpente comportant, à la manière classique, longerons et nervures. Le dispositif en « coque » a l'avantage de la rendre pratiquement invulnérable à tout projectile n'étant pas un obus explosant par choc et déchiquetant sur place une région importante dans le voisinage de son point d'explosion (1).

Les fuselages écartés de 4 m. sont partiellement noyés dans l'épaisseur de l'aile pendant leur passage au travers de la voilure. Leur dimension transversale peut être réduite au minimum, leur rôle étant réduit au support de l'empennage et au « logement » des postes de mitrailleurs.

Ils peuvent, eux aussi, être utilement réalisés en coques-bois ce qui leur assurera en même temps qu'une légèreté maximum une invulnérabilité pratique optimum.

____

(1) Voir « aile coque » de l'avion de bombardement Type 1925, page 79.

A ces fuselages correspondront naturellement les attaches à la voilure du train d'atterrisage.

Afin de dégager autant que possible les postes de combat, le groupe moto-propulseur et le poste de pilotage seront disposés dans la région médiane de l'aile et dissimulés à peu près complètement dans l'épaisseur de l'aile, (70 c/m environ) en cet endroit.

Le groupe moto-propulseur est constitué de deux moteurs 500 CV accouplés sur un « coupleur d'hélices » permettant la bonne utilisation de l'avion soit en **bi-moteur** soit en **mono-moteur** aux basses altitudes ainsi que l'utilisation convenable de l'accroissement de puissance des moteurs aux hautes altitudes obtenu par un dispositif de suralimentation. A cet effet le « coupleur » pourra comporter soit deux soit trois éléments bi-pales pouvant fonctionner alternativement ou simultanément de manière à constituer des propulseurs à deux, quatre ou six pales toujours bien adaptés aux conditions de fonctionnement du ou des moteurs.

Etant connue la polaire du profil de voilure il est aisé de tracer a priori une polaire qui peut être considérée comme aussi approchée que possible de celle de l'avion en grandeur, en prenant comme hypothèse de base de ce tracé une finesse maximum de l'appareil égale à 12, chiffre qu'il est facile de réaliser sur un tel engin et même, vraisemblablement, de dépasser assez largement par certains dispositifs de réduction des résistances passives et, par exemple, par l'adoption d'un système de train d'atterrisage escamotable dans les fuselages et l'aile pendant le vol.

Ces considérations nous amènent à prendre pour Rx correspondant aux résistances passives une valeur égale à 0,055.

Dans ces conditions, les chiffres du tableau suivant permettront de tracer la polaire de l'appareil :

Ky	Ry pour 50 m² et pour l'avion entier	Kx	Rx pour 50 m²	Rx T pour l'avion entier
0,01	0,5	0,0009	0,045	0,100
0,02	1,0	0,0011	0,055	0,110
0,03	1,5	0,0014	0,07	0,125
0,04	2,0	0,002	0,1	0,155
0,05	2,5	0,00275	0,138	0,198
0,06	3,0	0'0038	0,19	0,245
0,07	3,5	0,005	0,125	0,305
0,08	4,0	0,007	0,85	0,405

Si nous admettons un rendement de 75 °/₀ pour les hélices, la puissance utile ressort à

$$1000 \times 0,75 = 750 \, CV$$

Et dans ces conditions,

Le poids total de l'avion, en ordre de marche, étant préyu égal à 4000 kgs se décomposant comme suit :

```
Groupe moto-propulseur.........................  1200 Kgs.
Voilure........................................   650  »
Fuselages......................................   300  »
Empennage .....................................   100  »
Atterrisseur ..................................   200  »
Equipage (5 hommes)............................   400  »
Combustibles (3 heures de vol).................   750  »
Armement ......................................   400  »
                                  Total.........  4000 Kgs.
```

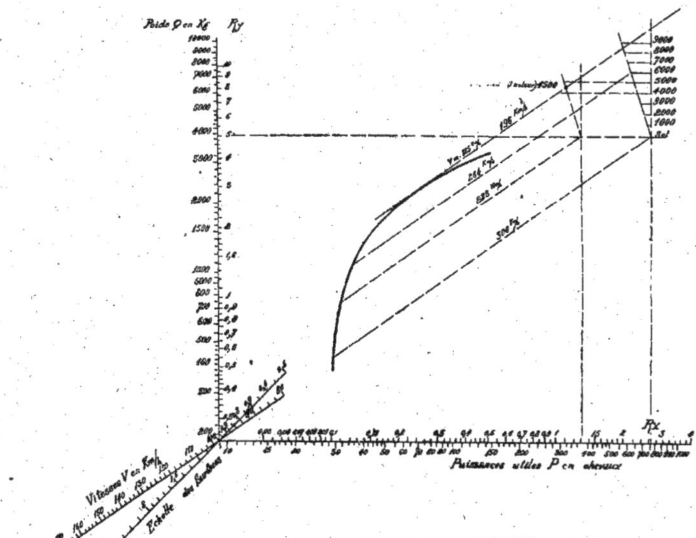

POLAIRE LOGARITHMIQUE
DE L'AVION DE BATAILLE TYPE 1925

Performances

Abstraction faite des améliorations de vitesse ou de plafond résultant de l'emploi des moteurs suralimentés et du coupleur d'hélices, les performances peuvent être prévues les suivantes :

Vitesse en palier au sol........................... 300 Km/H.
Vitesse en palier à 6000 m. (altitude d'utilisation).... 284 Km/H.
Plafond .... 8500 m.
Vitesse au plafond.... 196 Km/H.
Vitesse minimum (atterrissage)........ .... 125 Km/H.

La charge au cheval étant de $\dfrac{4000}{1000} = 4$ Kg/CV

La charge m² étant de...... $\dfrac{4000}{50} = 80$ Kg/m²

L'étude des abaques Eiffel permet de déterminer comme suit les « temps de montée ».
On lit que *l'avion de bataille*

montera à 1000 mètres en 2 minutes 30
» 2000 » » 5 »
» 3000 » » 8 »
» 4000 » » 12 »
» 5000 » » 17 »
» 6000 » » 23 »
» 7000 » » 33 »
» 8000 » » 55 »

Vol avec un moteur sur deux.

Le vol avec un moteur se révèle par ailleurs très possible, Il pourra même être réalisé utilement dans certains cas pour allonger le rayon d'action de l'appareil en permettant une marche encore rapide avec économie de la moitié du combustible de consommation horaire.

Dans ce cas particulier, à pleine charge,
le plafond reste égal à 4500 mètres,
et la vitesse en palier au sol est encore de 228 Km/H.

Si l'on envisage maintenant l'application prévue de suralimentateurs de moteurs et d'un coupleur d'hélices, il est évident que les performances en altitude seront nettement améliorées et que l'on peut compter sur un plafond supérieur à 10.000 mètres et sur une vitesse de 300 Km/H. à l'altitude de combat.

Ces chiffres, rigoureusement déduits, sont suffisamment éloquents.

Ce roi de l'air (monté par 5 hommes, armé de 4 mitrailleuses tirant dans tous les sens, continuant le combat même avec un seul moteur, montant à 4000 m. en 12 minutes, marchant à 300 kil. à l'heure) ne connait pas d'adversaire supérieur.

Il est permis de demander en effet, en cette année 1925 (comme on pouvait le demander en 1917) quel est le type connu d'Avion de chasse capable de dominer notre Avion de Bataille ?

Il doit être le maître des hautes altitudes, et doit commander toutes les routes de l'air.

L'AVION CUIRASSÉ

de M. R. DESMONS

LE TYPE 1917

L'Avion-Cuirassé, véritable tank de l'air, à plafond très bas, à marche lente, est fait pour mitrailler, canonner, bombarder, en quelque sorte à bout portant. Il est prévu aussi comme avion d'observation et de réglage et n'est vulnérable qu'aux canons seuls. Aux Colonies (au Maroc, dès à présent), son action serait donc irrésistible.

Il accompagne, renseigne, défend ses troupes, et attaque directement les troupes adverses. Il oblige chaque unité de celles-ci, à être munie en marche, en réserve ou au repos (ce qui est pratiquement impossible) de canons spéciaux contre avions.

Description

Procédant des principes qui constituent un des points essentiels du Programme de la L. A. F., M. R. Desmons, Ingénieur en Chef du Centre d'Etudes, a établi un avant-projet dont les caractéristiques de réalisation sont les suivantes :

1° Une *cellule* composée de deux ailes inégales, la surface de l'aile inférieure étant plus faible que celle de l'aile supérieure.

2° Un *fuselage* placé entre les ailes et qui porte les moteurs, le personnel, l'armement, le blindage et les gouvernes.

3° Un *train d'atterrissage* très bas à 5 roues qui est fixé sous l'aile inférieure.

• Le *groupe moto-propulseur* est constitué par deux moteurs Lorraine-Dietrich de 245 ch. Chacun de ces moteurs actionne au moyen d'une transmission une hélice placée en dehors du fuselage entre les ailes de la cellule.

Les *dimensions d'encombrement* de l'avion sont :

Envergure . . . . 23 ᵐ 28
Longueur . . . . 18 ᵐ 25
Hauteur . . . . 5 ᵐ

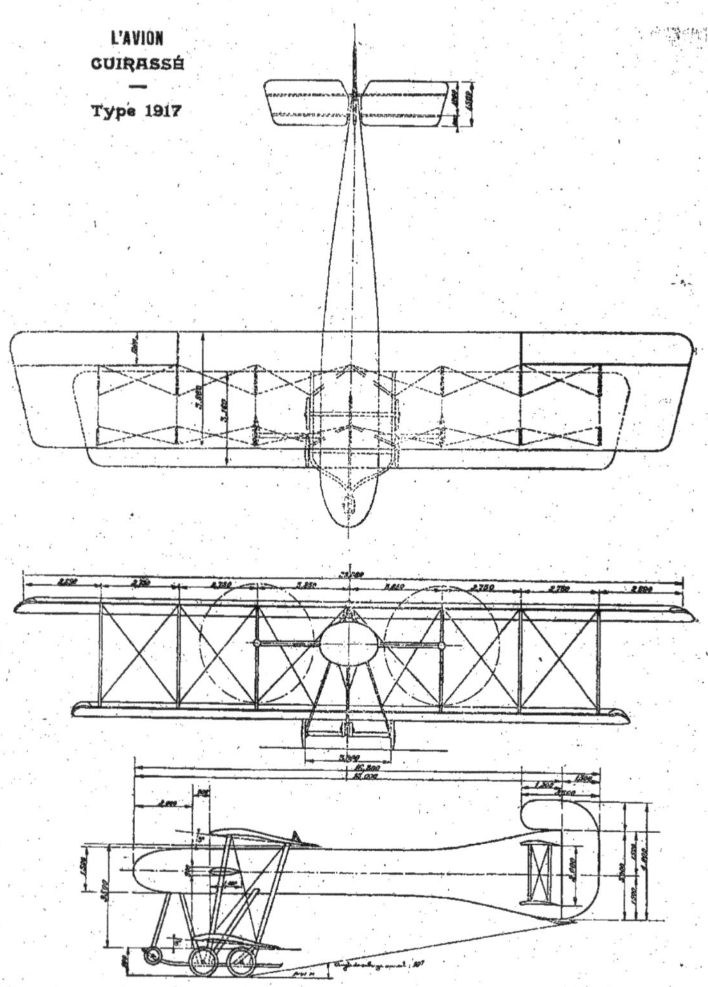

L'AVION
CUIRASSÉ
—
Type 1917

Les *dimensions des surfaces* sont :

Cellule (ailerons compris)................................ 150 ^{m2}
Gouvernail de profondeur................................ 18 ^{m2}
Gouvernail de direction................................ 6 ^{m2}

Le *détail des poids* d'après le projet serait :

Planeur et réservoirs................................ 1300 Kg.
Blindage................................ 2000 Kg.
Groupe moto-propulseur................................ 1000 Kg.
Personnel (3 hommes et armement)................ 600 Kg.
Combustible pour 3 heures de vol au sol............. 600 Kg.

Poids total : 5500 Kg.

Afin d'étudier les qualités aérodynamiques de cet appareil, il fût construit une maquette au 1/25 que l'on expérimenta en soufflerie au laboratoire " Eiffel ".

Les résultats des essais sont donnés par le tableau suivant :

ÉLÉMENTS DE LA RÉSULTANTE
(Modèle au 1/25)

Éléments de la résultante	Angles de la corde de l'aile supérieure et du vent			
	0º	5º	10º	15º
Rx (gr /10m : sec)........	73,8	92,6	157,4	280,2
Ry (id.)......	120,1	599,1	1072,6	1446

Le modèle étant au 1/25 les efforts sur l'avion en grandeur exprimés en kg: m: sec, seront : $\frac{102}{252}$ 1000 = 160 fois plus faible que les chiffres figurant dans le tableau ci-dessus. D'autre part, les fils du haubanage et les radiateurs ne figurent pas sur le modèle ; leur résistance est de : 0,0094 kg/m: sec.

ÉLÉMENTS DE LA RÉSULTANTE
(Appareil en grandeur)

Éléments de la résultante	Angles de la corde de l'aile supérieure et du vent			
	0º	5º	10º	15º
Rx (kg/m : sec)........	0,470	0,588	0,991	1,764
Ry (id.)........	0,750	3,745	6,703	9,03
Rx/Ry	0,626	0,157	0,147	0,196

La polaire logarithmique, tracée d'après ces indications permet de déterminer les performances réalisables qui s'établissent comme suit :

La puissance utile étant de 850 × 0,76 — 646 CV.
Le rendement des hélices étant prévu égal à 76 o/o.
La vitesse en palier au sol est de................ 162 Km/H.
— — à 1000 mètres est de.......... 160 Km/H.
Le plafond s'établit à........................ 3900 m.
La vitesse au plafond étant de................ 128 Km/H.

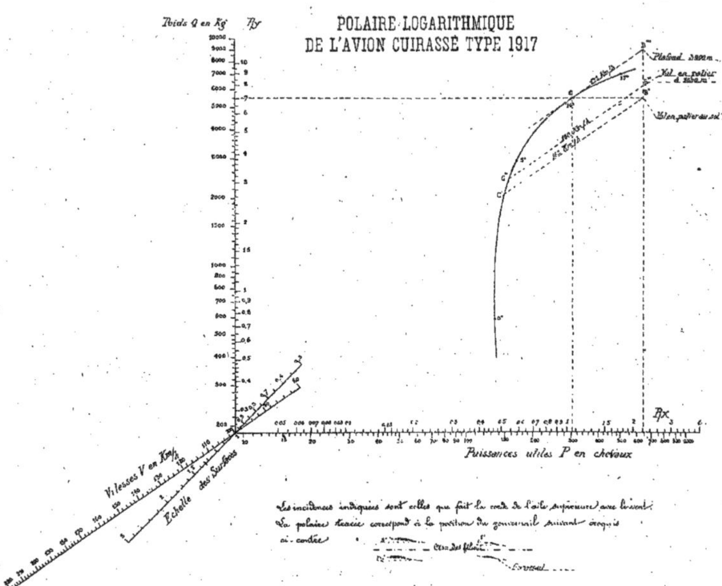

La puissance utile minimum nécessaire au vol en palier au sol est de 306 CV., ce qui indique que le vol à *pleine charge* avec **un seul** moteur n'est pas réalisable théoriquement mais qui laisse voir que l'avion, délesté de ses projectiles, conserve, avec un seul moteur, la possibilité de rallier ses lignes à faible altitude.

Le poids par cheval est de : $\dfrac{5500}{850} = 6{,}47$ kg/ch.

Le poids par m² est de : $\dfrac{5500}{150} = 36{,}7$ kg/m²

Dans ces conditions les temps de montée calculée d'après nos abaques seront de 6'4 à 1000 m., 15'5 à 2000 et de 27'8 à 3000 m.

Afin de prévoir une transformation correspondant à un accroissement des qualités offensives de cet avion, le Centre d'Etudes de la L. A. F. envisagea une modification de dimensions qui portait la surface totale de l'appareil de 150 m² à 200 m².

Si l'on considère une nouvelle échelle de proportionnalité entre le modèle soumis aux essais et la réalisation définitive, les résultats obtenus peuvent être transformés (l'étude faite au Laboraroire Eiffel gardant toute sa signification).

Si donc on prévoit une augmentation de surface portante de 33 °/₀, c'est-à-dire une surface totale de 200 m² au lieu de 150, qui peut-être obtenue en portant l'envergure de l'appareil à 27 mètres au lieu de 23 m. 80, on peut tracer une nouvelle polaire.

Cette courbe, identique à celle établie par le Laboratoire Effeil, est obtenue par simple translation de celle-ci parallèlement à l'échelle des surfaces; l'amplitude de cette translation étant égale au secteur 1 — 1,33 compté sur cette échelle.

Les caractéristiques de l'appareil se trouvent dès lors transformées et le poids total peut être, sans changement du groupe moto-propulseur qui reste constitué de deux moteurs 425 CV., porté à 7000 kgs se décomposant ainsi :

Planeur et réservoir	1500 Kg.
Blindage	3000 Kg.
Groupe moto-propulseur	1000 Kg.
Combustible pour 3 heures de vol au sol	600 Kg.
Personnel et armement	900 Kg.
Poids total	7000 Kg.

Performances

Le plafond d'un tel appareil serait de 2900 mètres.

Sa vitesse en palier au sol de	144 Km/H.
— à 1000 m. de	140 Km/H.
— au plafond de	115 Km/H.

On peut d'ailleurs prévoir une surcharge momentanée (s'il s'agit par exemple, pour soutenir un combat d'emporter une provision importante de projectiles) ou permanente de 1000 Kgs. ce qui amène le poids total de l'appareil à 8000 Kgs.

Dans ces conditions, le plafond n'est plus que de 1800 m.

La vitesse en palier au sol de	155 Km/H.
— à 1000 m. de	134 Km/H.
— au plafond de	115 Km/H.

En ce qui concerne les vitesses d'ascension, il y aurait naturellement une réduction à envisager, néammoins l'appareil, même chargé à 8000 Kgs. (40 Kgs. au m²) reste dans des conditions de maniabilité très acceptables.

Vol avec un moteur sur deux.

Le vol avec un seul moteur reste possible en prévoyant un délestage en projectiles ou combustibles ramenant le poids total à 6000 Kgs.

Dans ces conditions la vitesse, au sol, serait réduite à 90 Km/H. Or, il a grand intérêts à la réduire, l'avion étant spécialement conçu pour le combat rapproché et l'observation rapprochée.

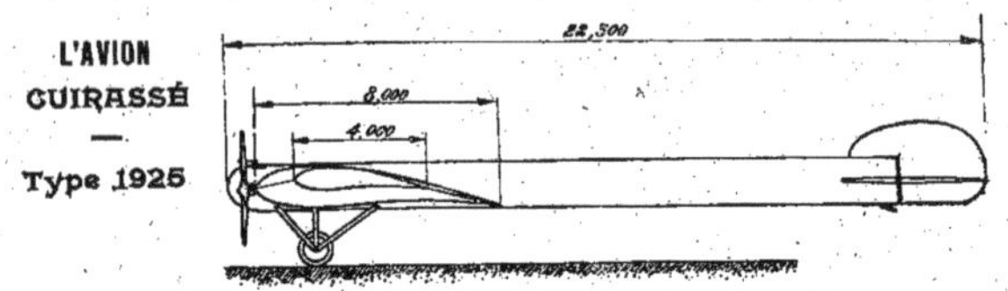

L'AVION
CUIRASSÉ
—
Type 1925
22,500
6,000
4,000

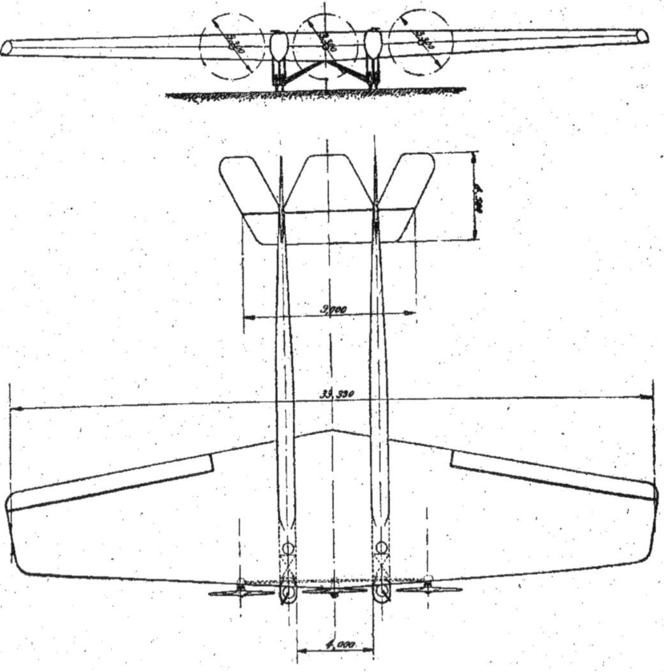

2,000
33,330
4,000

LE TYPE 1925

LE TANK DE L'AIR

La première qualité que doit avoir l'avion cuirassé réside dans son invulnérabilité aux projectiles venant du sol.

Il doit, en outre, être capable d'emporter des chargements importants de projectiles; mais son rayon d'action et surtout sa vitesse doivent être très réduits ainsi que son « plafond ».

Cet avion doit donc comporter une grande surface portante et une puissance motrice relativement faible.

Description

L'Avion Cuirassé type 1925 est donc étudié avec une voilure monoplane à profil épais (6. C. S. T. Ae) de 200 m² de surface totale.

La projection horizontale de cette voilure est trapézoïdale de 33,33 d'envergure, de 8 mètres de profondeur au milieu de l'envergure et de 4 mètres de profondeur aux extrémités des ailes.

Pour être invulnérable, cette aile sera réalisée en « coques bois » (1), sans pièce de charpente intérieure essentielle. De cette manière les blessures produites par des balles de fusil ou de mitrailleuse ou même par des obus traversant l'aile de part en part sans en déchiqueter, par explosion, une partie importante de surface, seront sans effet nuisible sur le vol de l'appareil.

Les moteurs, les réservoirs et les poste de pilotage et de combat sont groupés dans *deux nacelles* dont la région inférieure est constituée par une forte tôle de blindage et qui sont dissimulées dans l'épaisseur de l'aile. (Cette épaisseur est de 1 m. 40 au milieu de l'envergure), au droit des encastrements dans l'aile des deux fuselages coques formant support de l'empennage.

Ces nacelles et fuselages sont disposés avec un écartement de quatre mètres entre eux.

Les postes de combat sont installés à l'avant des nacelles correspondant au bord d'attaque de voilure — l'avion cuirassé étant destiné à *l'attaque* d'objectifs terrestres.

En outre, en vue d'assurer la défense de cet avion contre les attaques aériennes d'un adversaire passant au-dessous de lui, il est prévu deux postes de mitrailleur tirant vers le zénith, disposés au voisinage immédiat des postes de pilotage, à l'avant des moteurs et réservoirs, mais toujours dans la région cuirassée des nacelles.

Les propulseurs-hélices qu'il est impossible de protéger par une cuirasse seront protégés indirectement par leur multiplicité.

En effet, il est prévu et disposé le long du bord d'attaque de la voilure trois « coupleurs d'hélices » qui sont reliés, avec interposition de systèmes d'embrayage aux deux moteurs de telle sorte que la propulsion peut être assurée par chacun d'eux ou par la combinaison de deux d'entre eux.

(1) Voir avion de bombardement, page 79.

On se rend compte que, dans ces conditions, sur les six hélices bi-pales dont sera muni l'appareil quatre peuvent être brisées sans que pour cela l'avion soit désemparé. *Il gardera, toutes ses qualités de vol avec deux ou un moteur.*

Et même dans le cas ou une seule bi-pale lui resterait, il pourrait, volant avec un seul moteur, rallier sa base de départ dans des conditions très satisfaisantes.

L'empennage fixé au bout extrême arrière des fuselages sera du type ordinaire.

De même que l'atterrisseur qui est attaché au droit des nacelles blindées.

Le devis des poids de l'avion cuirassé s'établit comme suit :

Voilure (200 m²)	2400 Kg.
Fuselages-nacelles	800 Kg.
Atterrisseur	250 Kg.
Empennage	100 Kg.
Blindage	3000 Kg.
Moteurs, transmissions et propulseurs	1000 Kg.
Équipage (4 hommes)	350 Kg.
Armes (mitrailleuses, canons, etc.)	200 Kg.
Combustibles (3 heures de vol)	500 Kg.
Total	8100 Kg.
Projectiles (Cartouches de mitrailleuses, obus, bombes, grenades, ets.)	1900 Kg.
Total	10000 Kg.

La charge au mètre carré ressort donc à 50 Kg. à pleine charge et à 40 Kg. à vide.

La charge au cheval est de 13 Kg. 5 à pleine charge et de 10 Kg. à vide.

Les résistances passives de l'avion étant réduites au minimum.

Son incidence de vol normal étant voisine de 0°.

Il est possible de prévoir sans optimisme que sa finesse sera de l'ordre de 12.

On peut donc tracer à priori la polaire logarithmique.

Il est aisé de le faire : les points de la courbe sont déterminés par les chiffres suivants :

Le Rx des résistances passives étant pris égal a 0,220

Ky	Ry pour 200 m² et pour l'avion complet	Kx	Rx pour 200 m²	Rx T pour l'avion complet
0,01	2,00	0,0009	0,18	0,4
0,02	4,00	0,0011	0,22	0,44
0,03	6,00	0,0014	0,28	0,5
0,04	8.00	0,002	0,4	0,62
0,05	10,00	0,00275	0,550	0,77
0,06	12,00	0,0038	0,76	0,98
0,07	14,00	0,005	1,00	1,22
0,08	16,00	0,007	1,4	1,62

Si nous admettons que le rendement des transmissions et des hélices est égal à 68 °/°, la puissance utile ressortira à

$$740 \times 0,68 = 500 \text{ CV.}$$

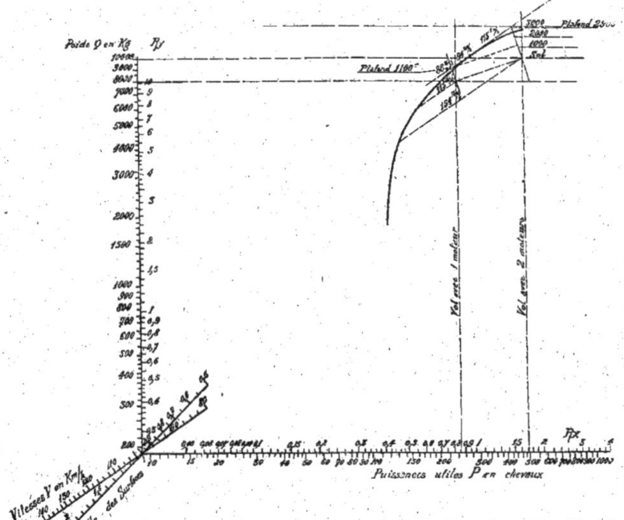

POLAIRE LOGARITHMIQUE DE L'AVION CUIRASSÉ TYPE 1925

Dans ces conditions, les performances de l'appareil à pleine charge et pleine puissance sont les suivantes :

Vitesse en palier au sol................................ 154 Km/H.
Plafond .... 2900 m.
Vitesse en palier au plafond .... 125 Km/H.
La vitesse minimun est voisine de.................... 100 Km/H.

Le vol avec un seul moteur (le rendement du système propulseur étant toujours considéré égal à 68 %) n'est pas possible à pleine charge.

Mais, après délestage correspondant au lâcher de la provision de projectiles, le poids total étant ainsi ramené à 8000 kg., le vol avec un moteur devient réalisable dans de très bonnes conditions :

La vitesse en palier au sol est de.................. 115 Km/H.
Le plafond est de.................................... 1100 m.
La vitesse au plafond est de........................ 94 Km/H.

Quant à la vitesse minimum en palier au sol (vitesse d'atterrissage) elle est, dans les mêmes conditions de délestage, égale à 88 Km/H. seulement.

Résultats

La curieuse « physionomie » de l'Avion-Cuirassé, et ses capacités de combat, sont clairement fournies par ses performances.

Invulnérable aux balles, volant lentement et bas, pour mieux voir, mieux viser et mieux poursuivre ; monté par 4 hommes ; armé de canons-revolver, de mitrailleuses et de 1.900 kilos de bombes ou de grenades, il est fait pour attaquer les troupes à distance de 50 mètres par exemple, c'est-à-dire qu'il peut frapper à bout portant.

Dès lors, ses effets de destruction et ses effets de terreur peuvent être immenses à l'avant comme à l'arrière.

On le voit dominant et labourant les tranchées, découvrant les batteries les mieux défilées, mitraillant ou bombardant les formations non défendues par des canons spéciaux, les convois, les parcs, les trains, tout ce qui se montre ou tout ce qui se cache.

Son intervention sur les champs de bataille peut et doit transformer les conditions de combats.

Ce qui apparaît d'ailleurs incontestable, c'est que nul autre engin connu ne peut mieux que lui :

1° Y voir clair et lire le jeu de l'ennemi ;

2° Frapper à coup sûr, et rendre à cet ennemi toute position intenable — sauf les positions souterraines.

La conjugaison du « tank de l'air » avec le « tank amphibie » dont il est parlé plus loin, en inaugurant une tactique nouvelle, constituera demain un facteur nouveau de victoire.

En face de tels engins, l'action de l'Infanterie par exemple se trouve encore plus menacée et réduite. La liberté de manœuvre également. Et les hommes sont maintenus dans la plus intolérable insécurité.

L'HYDRAVION

TORPILLEUR DE HAUTE MER

D ans la guerre sur mer, un rôle nouveau et considérable, entraînant des conceptions tactiques nouvelles, est dévolu à deux appareils que nos pères ignoraient.

1° - Le sous-marin, qui a fait ses preuves;

2° - L'Hydravion-torpilleur, dont le rôle incertain encore fut pour la première fois précisé par M. Henri SABARTHEZ, notamment dans sa lettre du 9 juillet 1918 adressée au Directeur de la Section Aéronautique Britannique, et dans laquelle il disait :

. . . .

« La flotte anglaise de commerce, la flotte anglaise de guerre, risquent d'être placées bientôt sous la menace directe d'un adversaire peut-être beaucoup plus dangereux que le sous-marin, le cuirassé ou le dirigeable, et qui est l'*Hydravion-Torpilleur*.

« L'Hydravion-Torpilleur, dans les mers étroites et très fréquentées, est appelé à jouer un rôle important contre tous les navires de surface, et aussi contre les submersibles.

« La marine anglaise a obtenu un résultat grandiose : elle a fait disparaître des mers les pavillons ennemis. Elle ne peut maintenir cette suprématie qu'en s'exposant continuellement : hier et aujourd'hui aux coups sournois des sous-marins, demain peut-être aux coups rapides des hydravions-torpilleurs.

« La Mer du Nord, la Manche, la Mer Égée, l'Adriatique, etc..., sont couvertes de vaisseaux alliés. Ils représentent des cibles larges et faciles, bien faites pour tenter les Allemands et les engager à créer de nouveaux moyens pour les mieux atteindre.

« Or, nous ne pourrions accepter que, sur la côte belge par exemple, une permanence de 100 à 200 hydravions-torpilleurs soit établie.

« Lorsque ces engins en effet disposeront d'un rayon d'action de 1.000 kilomètres par exemple, d'une vitesse de 140 à 150 kilomètres à l'heure, et pourront manier commodément la torpille Whithead de 700 kilos, ils torpilleront avec facilité les gros bateaux à 1.000 mètres. Ils seront le vautour tombant sur le lièvre.

« Par contre, il sera toujours très difficile à un canon de marine, par brume légère, de viser et d'atteindre un but aussi restreint qu'un hydravion aussi rapide et aussi mobile ; cela se constate déjà sur terre dans les tirs contre avions.

« D'autre part, en cas de combat naval, la flotte qui disposera d'un important contingent d'hydravions-torpilleurs marquera aussitôt une supériorité redoutable sur l'adversaire.

« Elle pourra l'atteindre de tous les côtés à la fois, avant et pendant le combat, comme pendant la poursuite.

« Une formation de cuirassés sera toujours mise en péril par une flotte d'hydravions-torpilleurs. Plus précisément, nous admettons qu'en cas de sortie de la flotte allemande les hydravions-torpilleurs alliés devraient pouvoir s'intercaler aussitôt entre elle et ses ports, et la couper de sa base.

« Les manœuvres à envisager dans ces cas sont de celles qui doivent intéresser et séduire les novateurs en matière de tactique aérienne et navale. Vous les avez donc certainement envisagées (1).

« Pour ces motifs et quelques autres, je dois conclure que l'hydravion-torpilleur de haute mer doit être perfectionné, et que son rôle doit être immédiatement étendu. »

. . . .

Au moment où il écrivait ces lignes, M. Sabarthez ne parlait point qu'en théorie. Un engin, créé et construit par le Centre d'études de la L. A. F., et dont les caractéristiques sont données ci-dessous était prêt à se construire en série. Mais on était à l'heure où Paris était menacé de très près. On alla au plus pressé... La retraite allemande suivit bientôt, puis l'Armistice.

Mais l'engin demeure. Légèrement rectifié ou amélioré selon les données les plus récentes de la science aéronautique, il reste l'arme dont la France, presque dépouillée de ses escadres de surface, ne pourra plus se passer.

Sa conjugaison avec le sous-marin, et avec les stations côtières de « lance-torpilles » par télémécanique, doit rendre inabordable la France et ses Colonies, et doit surtout contribuer à créer entre Marseille et Alger, entre la métropole et ses indispensables réservoirs africains, une route sûre, que nul ne pourra briser. Cette route, qu'on y songe, est pour nous une artère vitale.

Pendant la guerre, l'Hydravion-torpilleur de M. Desmons pouvait, manié par l'Allemagne, rendre intenables ou tout au moins bien dangereuses, d'abord la mer du Nord, puis la Manche. Il pouvait ensuite couler la flotte anglaise jusque dans ses ports, jusque devant Londres, et embouteiller la Tamise.

Manié par la France ou l'Angleterre, il pouvait embouteiller de même le canal de Kiel, et forcer la flotte ennemie jusqu'au fond de sa meilleure retraite.

Si demain une guerre éclate à nouveau, l'Hydravion-torpilleur (avec sa torpille, ses bombes, ses canons légers) sera mieux encore un des rois de la défensive et de l'offensive.

Il ira là où nul autre ne peut aller.

(1) En fait, ni l'Angleterre ni la France n'avaient encore rien envisagé de semblable.

L'Hydravion-Torpilleur R. Desmons, type 1917

Au Départ

H. SABARTHEZ (nacelle gauche) — Un Pilote (nacelle droite)

L'Hydravion-Torpilleur, type 1917

Le Modèle réduit au 1/20 expérimenté au Laboratoire aérodynamique G. EIFFEL

Vue par dessous

Vue par dessus
(la Torpille se place entre les nacelles)

L'HYDRAVION TORPILLEUR

de M. R. DESMONS

LE TYPE 1917

Cet appareil étudié d'après les directives d'un programme d'action élaboré par le Centre d'Etudes a été, après étude sur maquette au laboratoire Eiffel, réalisé en vraie grandeur par M. Desmons et expérimenté avec succès au Centre Officiel de Saint-Raphaël.

Description

L'Hydravion-Torpilleur a été conçu en vue de réaliser un appareil à grande capacité de transport et de combat et à stabilité nautique optimum.

Il a été prévu plus particulièrement pour permettre d'emporter et de lâcher sur un but marin une torpille automobile d'un type normalement en usage dans la Marine.

Voilure. — Les surfaces portantes principales sont disposées en biplan à grand écartement vertical et à décalage vers l'avant de l'aile inférieure.

L'envergure commune aux deux « plans » est de 20 mètres et leur profondeur de 2^m50, (l'envergure utile de la surface inférieure est donc, abstraction faite de la largeur des coques, de 17 mètres environ). La surface de l'ensemble des ailes est donc d'environ :

Plan supérieur : $20 \times 2,50 = 50$ mq.

Plan inférieur : $17 \times 2,50 = 42$ mq. 50

Pour améliorer la stabilité en vol de l'appareil, l'aile inférieure présente un V latéral assez accentué. Cette disposition permet en même temps de supprimer tout flotteur d'extrémité, l'angle de bande qui amènerait une des ailes en contact avec l'eau étant de ce fait sensiblement accru.

Pour améliorer le rendement de la voilure en éliminant autant que possible les perturbations provenant de l'influence mutuelle des surfaces, ces surfaces sont relativement très éloignées verticalement et très sensiblement décalées (l'aile inférieure en avant de l'aile supérieure).

Ces voilures qui sont de même profil (aile N° 32 des essais Eiffel) ne travaillent pas en équiportance de manière à augmenter la résistance relative de l'aile supérieure pour équilibrer partiellement les résistances nuisibles inférieures des organes de flottaison.

L'aile supérieure est prévue montée avec une incidence de 6°1 sur l'axe des propulseurs et l'aile inférieure avec une incidence de 5°1 sur cette même direction.

Empennage. — L'équilibreur-gouvernail de profondeur est constitué d'une surface de même profil que les ailes (N° 32 Eiffel) et par conséquent de qualités optima. Il présente une surface surabondante (10 mq.) pour une utilisation exclusive de gouverne et son articulation autour d'un axe passant constamment par son centre de poussée aux incidences utiles permet de le considérer comme une voilure auxiliaire permettant de faire varier, dans des limites assez sensibles, l'incidence normale de vol des surfaces principales, et, de ce fait, le régime de vol lui-même de l'appareil dans son ensemble.

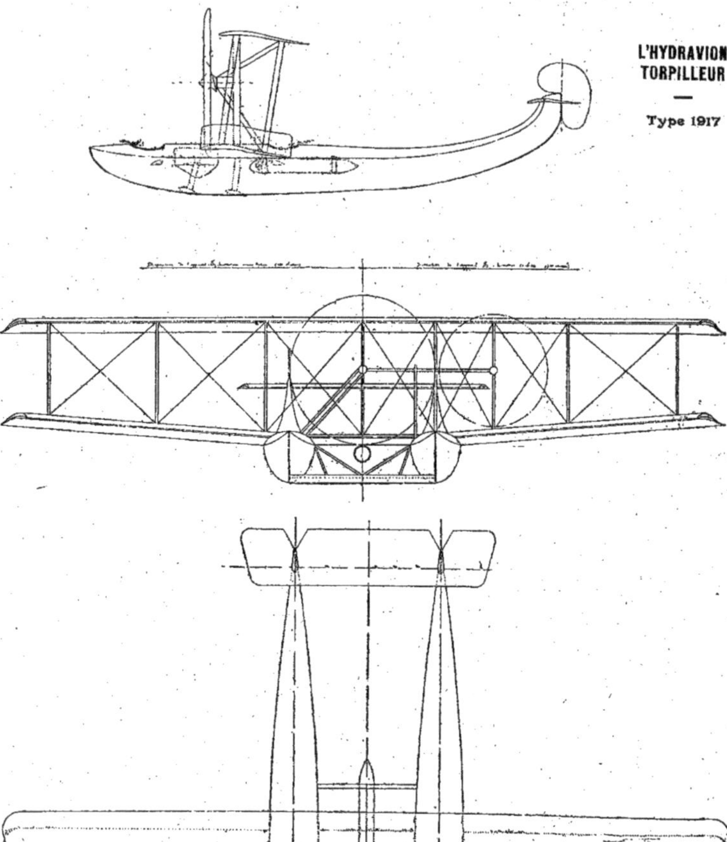

L'HYDRAVION
TORPILLEUR
—
Type 1917

Concourant au même but le centrage a été prévu légèrement différent des centrages classiques.

Tout d'abord la torpille est disposée légèrement vers l'arrière de manière qu'à son « lâcher » l'appareil ait plutôt tendance à piquer et à accroitre sa vitesse.

Dans ces conditions, on peut prévoir, pour cet appareil, une vitesse d'approche du but relativement lente et une faculté de vitesse de fuite après délestage assez considérable.

Les organes de flottaison de l'hydravion sont essentiellement constitués par *deux coques jumelles.*

Ces coques sont étudiées de manière à présenter à l'avancement dans l'air une résistance minimum en même temps qu'elles sont douées de qualités nautiques optima pour l'application particulière que constitue la réalisation du système nautique d'un hydravion.

Elles sont de forme régulière et « continue » dans tous les sens, c'est-à-dire qu'elles ne présentent ni redan ni fond plat de déjaugage. Elles peuvent être réalisées avec le maximum de solidité présentant, en coupe, des formes normales d'embarcation à quille. Elles constituent, par leur jumelage, et leur éloignement (4 mètres d'axe en axe) une excellente base nautique pour un hydravion de grandes dimensions.

Le déjaugeage et l'hydroplanement de l'appareil au départ ou à l'atterrissage sont assurés par des surfaces d'une extrême robustesse disposées entre les coques, fixées à leurs quilles et qui constituent une surface à redans successifs, optimum au point de vue de leur action sur l'eau et de résistance nuisible minimum à l'avancement dans l'air pendant le vol de l'appareil.

Leur disposition à hauteur et incidence différente permet de prévoir le « décollage » successif en même temps que leur action efficace en cas de tendance au capotage à l'atterrissage.

Pour le cas particulier de l'hydravion-torpilleur cette disposition bi-coque présente en outre l'avantage de ménager une excellente place pour la torpille qui sera ainsi facilement lancée au moyen d'un dispositif aussi simple que possible.

L'Hydravion-torpilleur est prévu équipé avec deux moteurs Hispano-Suiza 200 chevaux disposés chacun dans une des deux coques et commandant par chaînes sans fin un « coupleur d'hélices » tel que lorsque les deux moteurs marchent simultanément la propulsion de l'appareil est assurée par une hélice à quatre pales qui se dissocie en deux hélices à deux pales en cas d'arrêt d'un des moteurs, celle correspondant au moteur arrêté tournant « folle » sur son axe.

Dans ces conditions, la symétrie et le rendement sont constants pour les marches avec un ou deux moteurs, ce qui ne peut exister avec les appareils bi-moteurs à hélices en prise directe sur les moteurs.

Pour les commandes de gouverne la forme spéciale des coques permet de les faire rigides et mécaniques dissimulées dans l'intérieur du carenage.

Un poste de commandes au moins est prévu dans chaque coque.

Le système bi-coque se prête aussi bien que possible à toutes les combinaisons désirables pour l'armement de l'hydravion. Un ou deux mitrailleurs ou canonniers peuvent être installés dans les régions avant des coques, et deux autres dans les régions situées en arrière des voilures. La zone de tir peut donc être optimum.

Dans un autre ordre d'idées il est à remarquer que la torpille est prévue orientée vers l'arrière de manière à pouvoir être lancée dans les meilleures conditions possibles de visée et de sécurité puisque après ce « lâcher » l'appareil ne sera pas dans l'obligation dangereuse d'évoluer à faible altitude vers l'ennemi avant de s'en écarter.

Il sera déjà orienté vers sa route de retraite.

Ces possibilités d'armement offensif et défensif font de cet appareil un engin de chasse exceptionnellement efficace contre les sous-marins en remplaçant par exemple la torpille prévue par un chapelet de bombes.

Une maquette au 1/20 ayant été réalisée et expérimentée en soufflerie au laboratoire Eiffel, les caractéristiques aérodynamiques en furent ainsi définies dans le rapport officiel du laboratoire.

Les résultats remarquables des essais sont donnés par le tableau suivant :

ÉLÉMENTS DE LA RÉSULTANTE

(Modèle au 1/20)

Eléments de la résultante	Angles de la corde de l'aile supérieure et du vent			
	0°	5°	10°	15°
Rx (gr/10 m : sec)......	77	94	142,4	241
Ry (......d°.....)......	115,5	634,7	1126,5	1,450
Rx/Ry	0,710	0,148	0,1265	0,166

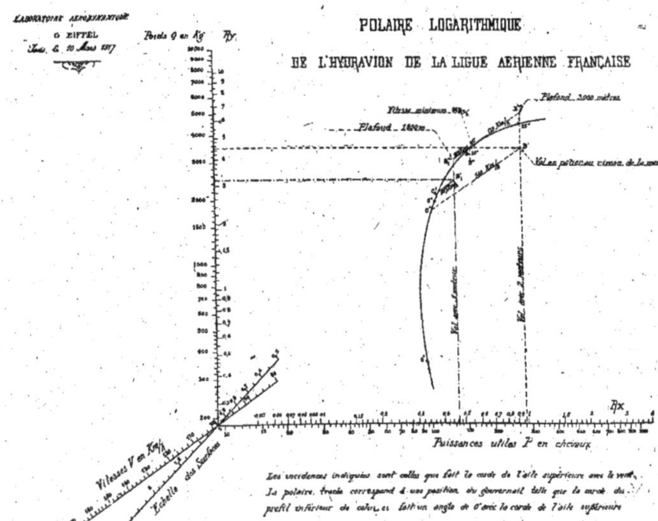

Le modèle étant au 1/20, les efforts sur l'appareil exprimés en kd/lm : sec, seront :

$\dfrac{102}{202}$. 1000 = 250 plus faibles que les chiffres figurant dans le tableau ci-dessus. Ce sont ces valeurs qui servent à tracer la polaire logarithmique.

Performances

Examen des régimes du vol. — La polaire logarithmique de l'appareil en grandeur donne les indications suivantes :

La puissance utile est de : 400 $\times$ 0,70 = 280 CV.

le rendement supposé de l'hélice étant de 0,70

D'après les tracés classiques

la vitesse en palier au niveau de la mer est de 140 Km/H.,

la hauteur de plafond ressort à 3000 mètres,

la vitesse en palier à cette altitude étant de 119 Km/H.

Quant à la puissance minimum nécessaire pour le vol au niveau de la mer elle ressort à 160 cv., la vitesse minimum en palier à la même altitude étant de 98 Km/H.

Le poids par cheval étant de $\dfrac{3500}{400}$ = 8,75 kg/ch.

Le poids par m² étant de $\dfrac{3500}{97}$ = 36 kg/m.

Les temps de montée s'établissent comme suit d'après nos abaques :

Altitude	Temps de montée
1000 m.	10'
2000 m.	26'

Vol avec un moteur. — Si un moteur s'arrête, on débraye une hélice, de sorte que l'autre moteur actionne une hélice à 2 pales seulement.

En délestant l'avion de 1000 kg., soit 660 kg. de torpille et 340 kg. de combustible on obtient alors les résultats suivants :

Vitesse en palier au niveau de la mer = 107 km/h

Plafond,........................ 1800 m.

Vitesse au plafond................ 93 km/h.

Expérimentation

L'Hydravion-Torpilleur fut mis en construction et réalisé avec quelques modifications par rapport à l'avant-projet.

Les moteurs 200 CV. prévus furent remplacés par des moteurs de 300 CV.

Les coques entretoisées par des plans de déjaugeage furent remplacés par des coques à redan.

La difficulté de fabrication des organes de transmission de puissance de moteur à propulseur entraîna à surelever les moteurs au-dessus des coques et à monter directement les hélices sur les arbres des moteurs.

La fabrication en fut réalisée en 1917-18 et l'expérimentation en fut faite en Juin 1918 à Saint Raphaël.

Ces essais, qui furent interrompus par un léger accident à une coque, donnèrent néanmoins toute satisfaction en permettant de vérifier que toutes les prévisions de l'avant-projet étaient nettement atteintes et même dépassées.

Tableau comparatif

Il est éminemment suggestif de placer sous les yeux du lecteur le tableau ci-dessous, que nous étions fondé à publier en 1917 au moment de la mise au point de l'Hydravion-Torpilleur R. DESMONS. Les différences des performances et des capacités font éclater la supériorité de la création principale de notre Centre d'Etudes.

Les actuels Hydravions
Pour un raid de 350 kilomètres

2 hommes ;
1 mitrailleuse ;
100 kilos de bombes.
. Vitesse maxima, de la catégorie la plus rapide :
115 K. à 2.000 m.
130 K. à 500 m.

Les capacités de ces Hydravions, en ce qui concerne notamment le transport ou le combat, ne sont pas suffisantes pour leur permettre de participer vigoureusement soit à un combat naval contre une escadre, soit à l'attaque et à la destruction des Arsenaux maritimes de l'ennemi, soit à la chasse des sous-marins.

Ils restent de bons appareils-éclaireurs, à condition d'agir à peu de distance des côtes ou des Escadres.

L'Hydravion L. A. F.
Pour un raid de 700 Kilomètres

4 hommes ;
4 mitrailleuses ou canons de 37 ;
700 kilos de bombes, ou 1 Torpille-Automobile.
Vitesses : 119 kilomètres à 3.000 mètres ;
134 kilomètres à 2.000 mètres ;
140 kilomètres à 500 mètres.
Délesté de sa torpille, ou de ses bombes, il atteint :.
119 kilomètres à 5.000 mètres ;
140 kilomètres à 2.000 mètres ;
145 kilomètres à 500 mètres.

Armé de sa Torpille, cet appareil peut, ainsi qu'un sous-marin, participer à un combat naval contre une Escadre. Cent appareils de ce type disposant de 100 Torpilles seraient une menace grave pour n'importe quelle formation navale.

Armé de ses 700 kilos de bombes, et en raison aussi de son grand rayon d'action, il peut atteindre et frapper les Arsenaux de l'ennemi ; Kiel, Hambourg, Pola... etc...

Armé de ses 4 canons, il peut attaquer les sous-marins. Il est en outre un redoutable combattant contre hydravions, avions ou dirigeables.

RAPPORT

Le « Conseil Technique » de la « Ligue Aérienne Française » après avoir examiné à l'Atelier de Vincennes, dans l'ensemble et le détail, l'état des travaux de l'Hydravion-Torpilleur ou Hydravion de Bombardement L. A. F. , actuellement achevé ;

Considérant que cet Hydravion représente une nouveauté du plus grand intérêt ;

Qu'il inaugure le type de l'Hydravion lourd, c'est-à-dire de l'appareil rapide à grand rayon d'action, et à grande capacité de transport et de combat, apte aux opérations de torpillage, de bombardement ou de chasse ;

Qu'il peut constituer ainsi une arme d'attaque non seulement contre les sous-marins mais contre les insubmersibles, et aussi contre les ports et les arsenaux ;

Considérant en outre que sa réalisation en grand modèle d'expérimentation tient toutes les promesses du petit modèle théorique au point de vue de la construction ;

Que cette construction, malgré toutes les difficultés provenant de la main-d'œuvre ou des matières premières, a été réalisée jusqu'à ce jour avec science et méthode,

Adresse ses encouragements et ses félicitations en attendant les essais définitifs, à M. l'Ingénieur R. DESMONS, son auteur.

Signé : **Pour le Conseil Technique,**

Professeur **D. BERTHELOT,** *Professeur* **L. KŒNIGS.**
Professeur **L. ROMAN,** *Colonel* **ROCHE.**

Transformation en hydravion de combat

L'étude de la polaire de cet appareil permet d'en prévoir en outre l'utilisation en *Hydravion de combat* par simple changement des moteurs.

Sur la cellule de l'Hydravion-Torpilleur, légèrement renforcée, on peut prévoir l'installation, en place des deux moteurs 200 chevaux « Hispano-Suiza », de 2 moteurs 300 chevaux « Renault ».

Cette transformation entraînera naturellement un accroissement très notable du poids mort de l'appareil. Mais, en supprimant la torpille et en renforçant l'armement offensif de l'hydravion par installation à son bord de un ou deux petits canons de marine en place d'une ou de deux des quatre mitrailleuses prévues pour le « Torpilleur », le poids total peut rester égal à 3.500 kg. se décomposant ainsi :

Planeur..	1200 Kg.
Moteurs...	1000 Kg.
Essence...	650 Kg.
Equipage et Armement........................	650 Kg.
Total................	3500 Kg.

La puissance utile dans le cas de la marche simultanée des deux moteurs sera de :
$$600 \text{ ch.} \times 0,75 = 450 \text{ ch.}$$

Dans ces conditions, l'étude de la polaire de l'appareil indique que la vitesse au niveau de la mer sera de 168 km/h.

La hauteur de plafond de ce nouvel appareil sera, elle aussi, accrue et portée à 5.000 m. la vitesse en palier à cette altitude étant de 139 km/h.

A 2.000 mètres d'altitude la vitesse sera de 164 km/h.

En ce qui concerne le calcul des « temps d'ascension » d'après les abaques de M. Eiffel, la charge au mètre carré restera la même que pour l'Hydravion-torpilleur mais la charge par cheval sera réduite très sensiblement.

$$\text{Elle sera de : } \frac{3.500}{600} = 5,83$$

Ce qui donne comme « temps de montée » :

    4 minutes pour 1.000 m.
    10   «   «   2.000 m.
    18   «   «   3.000 m.

Dans le cas *d'arrêt d'un des moteurs*, l'appareil pourra continuer son vol (grâce au « Coupleur d'Hélices ») dans des conditions satisfaisantes. En effet la puissance utile étant de :
$$300 \text{ ch.} \times 0,70 = 210 \text{ ch.}$$

La vitesse au niveau de la mer sera de 121 km/h. et le plafond de 1.500 m. environ, la vitesse à cette altitude atteignant encore 108 km/h.

La vitesse minimum de 98 km/h. restera la même que pour l'Hydravion-Torpilleur.

Cet avant projet soumis au Conseil Technique de L. A. F. donna lieu aux appréciations suivantes :

Extrait des rapports de MM. Berthelot et Roche

Les résultats obtenus sont particulièrement intéressants par les chiffres relatifs au poids transportés, aux vitesses et aux plafonds.

Utilisé comme torpilleur, cet appareil qui n'a qu'un tirant d'eau de quelques centimètres, ne doit heurter aucune mine ou torpille, et par conséquent peut naviguer en toute sécurité.

Employé comme hydravion de combat, il a des vitesses remarquables étant donné son armement.

Signé : **Colonel ROCHE.**

Ce sont là des résultats bien supérieurs à ceux des appareils actuellement en service, et qui doivent être soulignés tant en raison de l'importance possible des futurs combats navals que de l'intensification actuelle de la guerre sous-marine.

Signé : **Daniel BERTHELOT.**

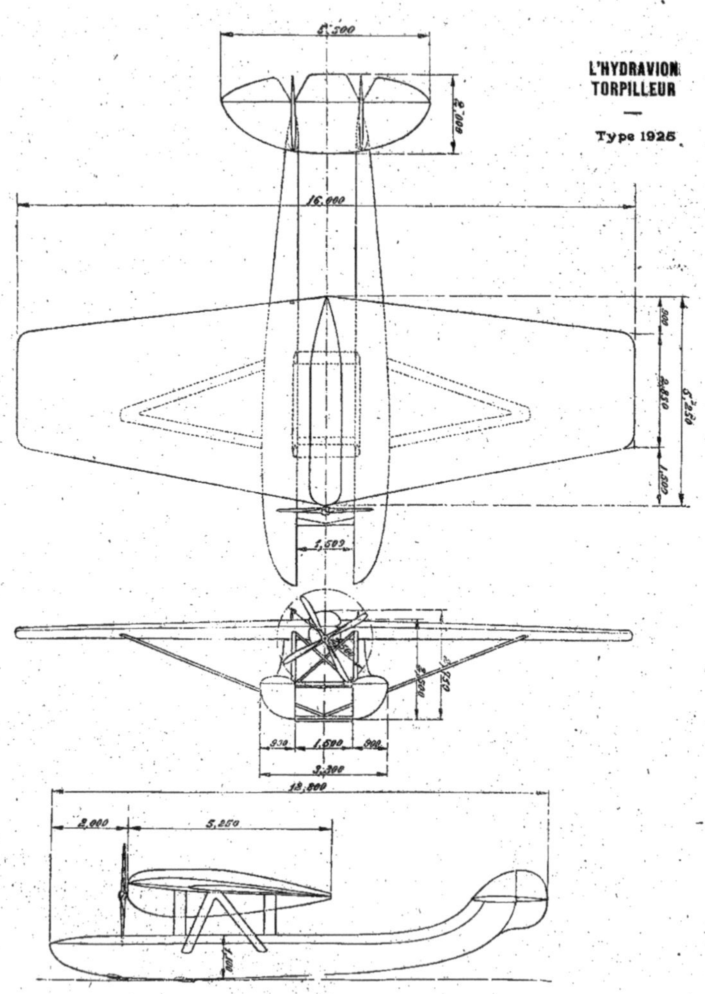

L'HYDRAVION
TORPILLEUR
Type 1925

Maquette d'essais en laboratoire
de l'Hydravion-Torpilleur, type 1925

LE TYPE 1925

C'est le type 1917, retouché pour réaliser un hydravion à grande stabilité à la mer en même temps qu'à grande vitesse en vol. Il marque un certain progrès sur le type 1917. Il constitue une arme sans rivale, dans sa sphère.

Description

C'est, quant à sa voilure, un monoplan à aile trapézoïdale de type classique à profil de faible résistance à l'avancement et de 60 m² de surface totale.

Cette aile sera divisée en trois parties, chacune étant réalisée essentiellement en *"coque de bois"* contre-plaqué moulé sur forme d'une seule pièce ne présentant ni longeron, ni nervure, en un mot « sans pièce essentielle de charpente » cette disposition est destinée à faciliter la réalisation rapide de grandes séries d'appareils après mise au point des chantiers, et à assurer à l'hydravion le *maximum d'invulnérabilité*.

La région centrale de la voilure à profil particulièrement épais sera aménagée de manière à contenir la chambre des machines comportant deux moteurs 300 CV. Hispano distincts attelés sur deux hélices accouplées sur le même axe de rotation suivant procédé breveté (Coupleur d'hélices R. Desmons). Cette disposition assure pour le cas de vol avec un seul moteur une constance d'axe d'effort de propulsion, elle permet en outre de rapprocher les moteurs l'un de l'autre et de réduire ainsi l'inertie latérale de l'appareil.

La partie marine de l'appareil est constituée essentiellement de deux coques-fuselages en triple bordé, de forme spéciale suivant un dispositif breveté et destiné à éviter la formation de vagues ou remous entre les deux coques ; ces deux coques sont réunies à leur partie inférieure par deux plans de déjaugeage correspondant schématiquement aux deux rédans d'une coque d'hydravion à double redan et destinés à obtenir des effets analogues.

Cette disposition permet d'assurer à l'hydravion, en même temps qu'une grande stabilité à la mer sans qu'il soit utile de prévoir des flotteurs de bout d'aile, une résistance passive à l'avancement tant dans l'air que dans l'eau des organes marins réduite au minimum. On peut en effet donner aux coques des formes d'aussi bonne pénétration que possible. Quant aux plans de déjaugeage ce sont, dans l'eau, de simples plans de sustentation hydrodynamique dont les dimensions sont réduites au strict nécessaire, et, dans l'air, ce sont des voilures auxiliaires qui, si elles présentent une résistance à l'avancement donnent lieu en même temps à réaction sustentatrice.

L'écartement des deux coques et leur entretoisement inférieur et supérieur permet, au point de vue des efforts dans la cellule, de considérer l'appareil comme un sesquiplan plutôt que comme un monoplan. Cette considération est de nature à justifier un allègement non nuisible à la solidité de l'hydravion.

Cet hydravion est susceptible non seulement d'utilisation militaire, mais aussi civile.

Les performances d'après essais d'une maquette au laboratoire Eiffel, sont de nature à permettre son adaptation à diverses applications telles que la réalisation d'un *hydravion-torpilleur*, ou d'un *hydravion-poste* pour le transport des courriers intercontinentaux et des passagers.

Le poids de réalisation de cet hydravion peut-être prévu comme suit :

Voilure 60 m² × 8 kg	480 Kg.
Coques 300 kg. × 2	600 Kg.
Moteurs 300 kg. × 2	600 Kg.
Empennage	60 Kg.
Plan de déjaugeage	60 Kg.
Equipement (radiateur, réservoir, hélice, commandes, aménagements, etc.)	200 Kg.
Total	2000 Kg.

En consultant la polaire résultant des essais du modèle de cet appareil, il est aisé de conclure que la charge utile et la charge de combustible peuvent être encore prévues importantes sans que les performances soient ramenées à des valeurs trop réduites.

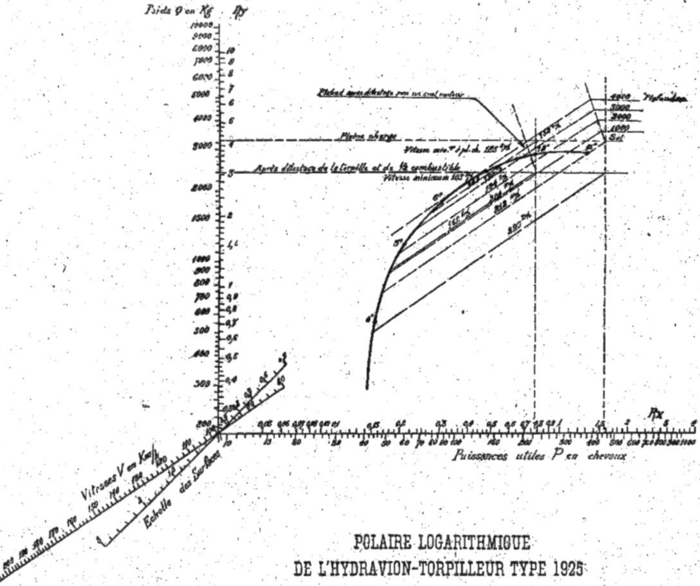

POLAIRE LOGARITHMIQUE
DE L'HYDRAVION-TORPILLEUR TYPE 1925

Performances

En particulier, comme appareil porte-torpille (ce que sa disposition bicoque le prédispose à devenir, l'arrimage de la torpille entre les deux coques étant particulièrement aisé) avec quatre heures d'essence (600 kg.), un pilote et un observateur (200 kg.) et une torpille (700 kg.), le poids total ressortirait à 3300 kg. pour lequel la vitesse au sol resterait de l'ordre de 210 kilomètres à l'heure environ.

De ce magnifique appareil de guerre, on peut donc faire aussi un très pacifique Hydravion-Poste. Il serait alors utile de prévoir une marche normale à puissance réduite des moteurs de manière à réaliser une économie de poids de combustible et, dans des limites encore très acceptables de vitesse (200 Km/H. environ), cet appareil pourrait alors réaliser des étapes de 5 heures, soit plus de 1000 kilomètres avec 600 kg. de frêt marchant à bord.

Derniers chiffres

Le précédent « Tableau comparatif » mettait en balance notre type d'Avion-Torpilleur L. A. F. de 1917 avec les meilleurs Hydravions en service à la même époque, et établissait par des chiffres l'éclatante supériorité du premier.

Or, on peut considérer maintenant les Hydravions en service en 1925.

Eux aussi restent inférieurs encore dans tous les détails au type L. A. F. 1917, et bien plus encore, cela va sans dire, au type L. A. F. 1925, surtout en ce qui concerne leurs capacités de combat.

En effet, les meilleures Performances des Hydravions en service nous sont fournies par les cinq appareils sélectionnés qui viennent de figurer en concours officiel (Septembre 1925) sur le parcours relativement facile Saint-Raphaël-Ajaccio et retour.

Le premier classé (Paumier) a établi sa moyenne horaire à 157 k. 800.

Le second à 112 k. 500.

(Ces chiffres, quant aux vitesses seulement, sont donc inférieures à ceux que nous venons de détailler).

En outre et malheureusement, deux appareils sur cinq sombrèrent en mer, et disparurent.

Les appareils monocoques présentent une stabilité (avec ou sans flotteurs) absolument insuffisante sur l'eau, et extrêmement inférieure aux double-coques type L. A. F.

Ces performances de concours, et ces accidents, montrent qu'il reste à l'Hydraviation actuelle beaucoup à faire !

LES
BOMBES AÉRIENNES

Les premiers travaux
du Professeur Louis ROMAN

AGENCE ÉCONOMIQUE DE
BIBLIOTHÈQUE

Ce furent les « tauben » qui, peu de semaines après la déclaration de guerre, s'en vinrent apprendre aux parisiens en crachant sur Paris, qu'il existerait bientôt une Aviation de Bombardement.

Les Zeppelins, puis les Gothas suivirent.

La nuit, des alertes continuelles réveillaient l'immense population. Les sirènes hurlaient longuement le long des rues. Les raids lumineux des projecteurs de plus en plus puissants fouillaient vainement le ciel, et plus vainement encore les canons anti-aériens faisaient leur tapage, car ces canons, même en plein jour, étaient et demeurent particulièrement inefficaces. Toutefois ils rassuraient les bonnes gens, en guidant l'adversaire.

Dans les caves préparées, et dont des écriteaux indiquaient l'entrée avec le nombre possible d'occupants, les familles venaient prendre place, d'abord avec précipitation, puis avec le calme que donne l'habitude. On y jouait souvent aux cartes, en attendant le cri de délivrance de « la berloque ». Çà et là quelques maisons s'écroulaient entre temps...

Ces heures troublées étaient relativement « pépères. » La prochaine guerre nous réserve d'autres surprises.

.

·Dès le début des incursions aériennes un éminent collaborateur de la Ligue, M. Louis ROMAN, professeur à l'Ecole Centrale, et chercheur passionné, vint mettre ses talents à notre disposition. Il est un de ceux qui sut nous rendre les plus signalés services, par ses actes et par ses conseils.

· On se refusait encore, en haut lieu, à bien concevoir l'Avion comme engin d'attaque et de destruction. En créant une bombe à grande puissance destructive, le Professeur L. ROMAN, en plein accord avec nos théories, allait fournir une arme qui démontrerait où était la raison.

Après de nombreux essais, il put mettre au point un premier projectile, ainsi décrit :

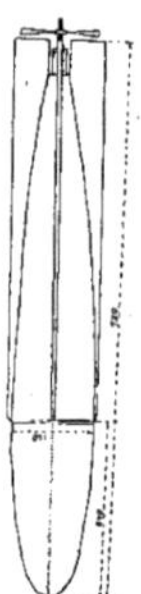

Le Bombe " Roman "

« Projectile de forme naviculaire très allongée, étudiée pour présenter le minimum « de résistance à la pénétration dans l'air, ce qui permet au projectile de prendre une « très grande vitesse initiale qui assure une grande régularité au tir en diminuant consi- « dérablement l'influence du vent. La partie du projectile en arrière du maître-couple « est armée de quatre ailettes d'empennage ayant pour objet d'assurer la tenue du pro- « jectile sur sa trajectoire concurremment avec l'abaissement du centre de gravité de « l'ensemble obtenu en augmentant l'épaisseur de la paroi de la partie en avant du « maître-couple. Cette surépaisseur de la partie avant a d'ailleurs été déterminée aussi « par la nécessité de donner à la carcasse ou enveloppe de la bombe une épaisseur suffi- « sante pour qu'elle ne s'écrase pas en arrivant au sol ».

Les premières bombes étaient destinées à être placées verticalement à l'intérieur de la carlingue, afin de ne pas augmenter la résistance à l'avancement des avions: elles ne mesuraient que o m. 720 de hauteur. Ces bombes pesaient environ 11 kg. avec un chargement en explosif de 6 kg. soit 55 %. Destinées à la destruction des travaux de surface, magasins, approvisionnements, leurs enveloppes étaient légères et constituées en tôle d'acier emboutie et soudée; la partie avant en forme de demi-ellipsoïde avait une épaisseur de 4 m,'m tandis que l'épaisseur de la partie ogivale arrière était de 1 m/m 5.

La fusée avait été spécialement étudiée, elle était prévue « à l'arrière de la bombe « afin d'augmenter dans la mesure du possible l'influence destructive sur les ouvrages. « et travaux de l'ennemi, pour les mêmes raisons qui ont conduit à utiliser les fumées de culot dans « les gros projectiles de la « marine ». Cette fusée qui était à retard et qui pouvait n'être mise en place qu'au départ de l'avion, était par ailleurs munie d'un dispositif de condamnation actionné par le dispositif même de lancement de la bombe; par ce moyen, le pilote supposé seul à bord, pouvait s'occuper seulement de la conduite de son appareil vers le but à atteindre, pour « manœuver le levier du lance-bombes, au moment opportun, sans avoir à se préoccuper d'armer ces bombes, puisque cette opération est faite automatiquement par la manœuvre de lancement. »

Un autre dispositif de sécurité fut d'ailleurs également expérimenté, qui assurait le déverrouillage de la fusée seulement après quelques mètres de trajectoire de la bombe; il comprenait principalement une petite hélice qui abandonnait la bombe après avoir été automatiquement dévissée par le mouvement dans l'air.

La sécurité à bord des avions préoccupa beaucoup et à juste titre la Section Technique de l'Aéronautique, qui désirait écarter les dangers d'explosions des bombes transportées par ces avions sous les coups de l'ennemi. M. Louis ROMAN, qui connaissait bien les explosifs, les ayant étudiés plusieurs années avec NOBEL, étudia alors le nouveau problème posé, en collaboration avec un officier français. L'idée directrice fut de recourir aux panclastites de TURPIN, explosifs liquides constitués par le mélange de peroxyde d'azote et d'un hydrocarbure quelconque. La bombe était divisée en deux compartiments étanches superposés ou intérieurs l'un à l'autre, le mélange des deux composés, inertes tant qu'ils étaient séparés, devait se faire soit au départ soit à l'arrivée du projectile, par la rupture de la paroi étanche séparant les deux compartiments. Les essais furent très satisfaisants au début, mais les difficultés de maniement et de conservation du peroxyde d'azote durent faire abandonner l'idée des bombes aux panclastites, malgré la puissance de ces explosifs.

Un autre explosif les remplaça.

LE DÉFILEUR DE TRANCHÉES

M. ROMAN étudia encore bien d'autres questions touchant la Défense Nationale. Nous citerons par exemple « Le Défileur » de tranchées. Cet appareil ne touche pas à l'aviation, mais en ce moment la guerre vient d'éclater au Maroc, où l'on creuse aussi des tranchées. Cela étant, il n'est pas déplacé de faire figurer cet engin dans un ouvrage qui ne tend qu'à servir le plus largement possible notre science militaire.

C'est en collaboration avec le distingué Colonel ESPITALIER, de la Section Technique du Génie, que M. ROMAN mit au point un appareil qu'ils appelèrent « Le Défileur ».

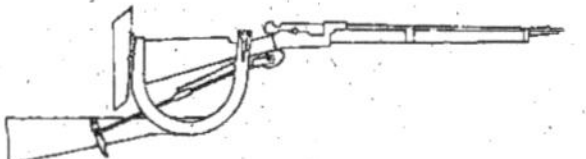

Le défileur de Tranchées - L. Roman.

Cet appareil, à la fois robuste, simple et très maniable s'adaptait rapidement aux fusils des fantassins et leur permettait de se servir de leur arme en demeurant hors de la vue et des coups directs de l'ennemi. La mise au point fut beaucoup plus compliquée que le seul principe qui consistait simplement à adjoindre et à adapter au fusil une fausse-crosse, un périscope abaissant la ligne de visée et un dispositif de manœuvre à distance de la gachette.

Le défileur fut également appliquée aux mitrailleuses avec quelques modifications de détail, il fut apprécié dans les armées française et italienne. Le « Matin » dans un n° du « Pays de France » le montre employé sur le front.

L'Etat eut fait son devoir, en en généralisant l'emploi; il eut épargné, là encore, des vies humaines.

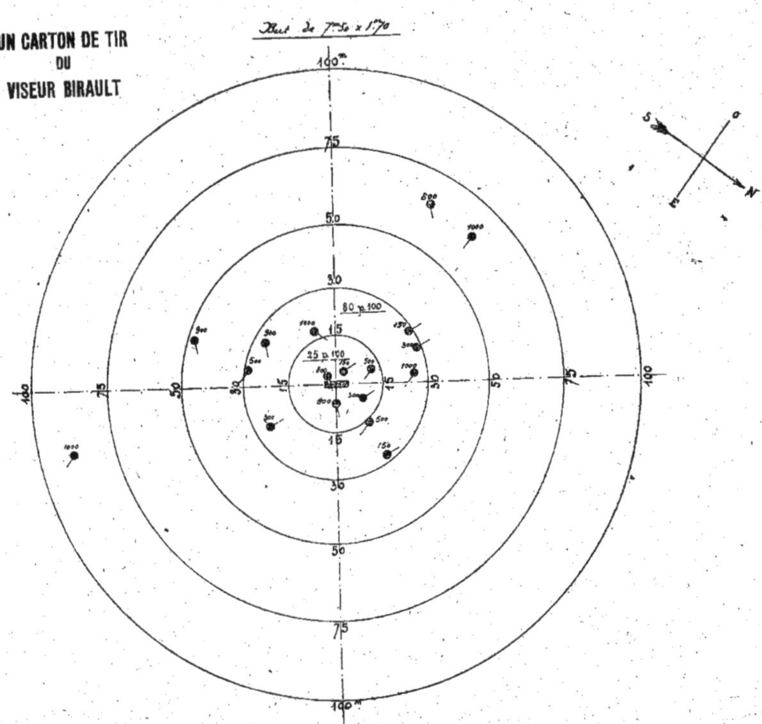

UN CARTON DE TIR
DU
VISEUR BIRAULT
But de 7m50 × 1.70
100m
75
50
30
80 p.100
15
25 p.100
15
30
50
75
100m
Expériences du 13 au 22 Juillet 1916
à l'Aérodrome belge d'Etampes
Bombes incendiaires de 120
Poids 10k env.
Vents :   Hauteurs de lancement
13 Juillet. du S.O. Très violent   900m
15   .   d' O.   Très violent   500 et 1000m
18   .   du N.O   assez faible   150 et 300m
20   .   du N.E   moyen   800m
22   .   du N   assez violent   1000m

LE VISEUR

DE BOMBARDEMENT

du Capitaine BIRAULT

Les Avions de Bombardement les mieux conçus sont, comme les canons, de mauvais outils s'ils ne tirent pas juste. Or, au début de la guerre, on n'obtenait que des erreurs énormes. Il fallait donc essayer d'y remédier par l'utilisation d'un appareil de visée aussi exact que possible. Le Centre d'Etudes s'y est efforcé.

Dans son « Viseur de Bombardement » le but proposé était de réaliser un appareil précis, simple et pratique en même temps, et remplissant les trois conditions essentielles ci-après :

1° — Fixité d'orientation des visées par la *stabilisation automatique* du viseur. Il faut, en effet, que l'appareil de visée soit soustrait à l'influence des inclinaisons longitudinales et transversales de l'Avion, puisque à 4.000 mètres d'altitude on a une erreur de visée de 70 mètres par degré d'inclinaison.

Le viseur ne doit pas être fixé à la nacelle et sa stabilisation doit être automatique.

2° — L'appareil de visée doit assurer la précision du bombardement, non seulement en portée, c'est-à-dire dans le sens de marche de l'avion, mais aussi et *surtout* en direction, sens transversal à la marche, ce qui est la difficulté principale des bombardements aériens.

Il faut donc que, grâce au viseur, le pilote fut constamment renseigné et guidé afin d'arriver à survoler le but à l'aplomb convenable d'où les conséquences suivantes :

a) Le but doit apparaître de très loin au viseur et sous une incidence d'environ 70° avec la verticale, afin que le pilote ait le temps de faire plusieurs rectifications successives de la direction de marche.

b) Comme la bonne direction de l'avion n'est assurée que si le pilote n'est pas assujetti à une altitude incommode et que s'il reste les yeux fixés vers l'horizon afin d'éviter toute inclinaison transversale de l'avion entraînant des déviations de marche, il convient par suite d'éviter d'astreindre le pilote à contrôler sa direction en regardant au travers d'un plancher vitré. *Le viseur sera donc utilement complété par un indicateur de direction* pour le pilote, indicateur disposé en face de lui et à hauteur de sa vue.

3° — Le viseur doit permettre de tirer avec justesse, même si l'avion est *dérivé par le vent*, afin de n'être pas assujetti à voler vent debout, car il est très désirable de pouvoir aborder le but dans une direction quelconque par rapport au vent.

Le modèle étudié, léger et robuste, ne nécessite pas une longue éducation pour pouvoir être employé par un bombardier de culture scientifique même très médiocre.

Il est prévu pour être réglé au moyen de tables de tir calculées en fonction de l'altitude et de la vitesse de l'appareil aérien sur lequel il est monté, mais le lâcher d'un « projectile d'essai » peut permettre un réglage pratique tout aussi précis. Cette méthode empirique présente d'ailleurs l'avantage d'éliminer les erreurs d'observation dans la détermination de l'altitude et de la vitesse, et de ce fait, quoique très peu scientifique et par cela même à la portée de tous, elle est pratiquement plus précise que celle comportant l'emploi de tables de tir, pour aussi simples et faciles que soient ces dernières.

En outre la disposition du viseur qui ne comporte pas d'oculaire à champ nécessairement réduit doit faciliter dans de grandes proportions la rectification de la route de l'avion avant son arrivée au « point de tir » puisque l'observateur peut « suivre » le but dans le viseur lui-même *bien avant* d'arriver en situation convenable pour le lâcher du projectile.

Les résultats acquis ont indiqué que le but visé était atteint. Le tableau ci-contre l'indique. Nous ne pensons pas q'"on ait fait mieux depuis.

LE RÉSERVOIR
DE SÉCURITÉ

de M. Gérard MOULINEY, Capitaine du Génie de réserve

L e réservoir d'essence représente « une des parties les plus vulnérables
« des aéroplanes de guerre actuels », écrit M. Daniel BERTHELOT, le
25 Février 1917, dans son étude du réservoir Mouliney.

« La grande quantité d'essence, dit-il, qu'il est nécessaire d'emporter
« oblige en effet de donner au réservoir des dimensions qui en font une des
« cibles les plus fréquemment atteintes par les balles des mitrailleuses. Une
« seule blessure au réservoir peut suffire pour entraîner l'arrêt du moteur,
« et par suite l'arrêt, sinon la perte de l'aéroplane......

« Le projet de Réservoir de Sécurité examiné par le Centre d'Etudes
« de la Ligue Aérienne Française offre une solution nouvelle et des plus
« intéressantes.

« L'idée essentielle est de réduire les risques par un cloisonnement
« ou compartimentage : c'est là un principe analogue à celui qui est appliqué
« journellement sur les bateaux......

« Il n'est donc plus besoin de blinder tout le réservoir; il suffit de
« blinder la nourrice qui commande le fonctionnement des diverses cellules.
« Or cette nourrice est peu volumineuse et son blindage n'entraîne qu'un
« faible accroissement de poids. »

Et dans une étude sur le même sujet, M. le Colonel ROCHE déclare
aussi :

« Il (le Réservoir de Sécurité) est remarquable par sa simplicité, et
« paraît devoir donner toute satisfaction en remplissant les divers buts
« poursuivis. »

* *

Le « Réservoir de Sécurité » a été établi, à la suite de longues et patientes études de son inventeur, sur le principe suivant :

« Diviser les risques en groupant autour d'un cœur blindé ou nourrice invulnérable un nombre quelconque d'éléments ou cellules, constituant chacun un réservoir indépendant des voisins se déversant automatiquement dans la nourrice, et, en cas de crevaison d'une ou de plusieurs cellules, s'opposant, au moyen d'un dispositif approprié, à leur communication entr'elles, afin de ne perdre que le combustible de l'élément crévé, sis au-dessus de la blessure. »

Description et fonctionnement

Le fonctionnement de la réalisation prévue, très simple, correspond à une parfaite sécurité de marche tant pour les réservoirs en pression que pour les réservoirs en charge.

Vers un tube blindé constituant le cœur de l'appareil ou nourrice centrale, rayonnent une série de veines, deux par cellule, partant des dites et plongeant à l'intérieur de la nourrice en affectant une forme siphoïde indispensable à l'automaticité du système.

L'une de remplissage et d'apport d'air à la cellule ; l'autre de purge de l'essence dans la nourrice.

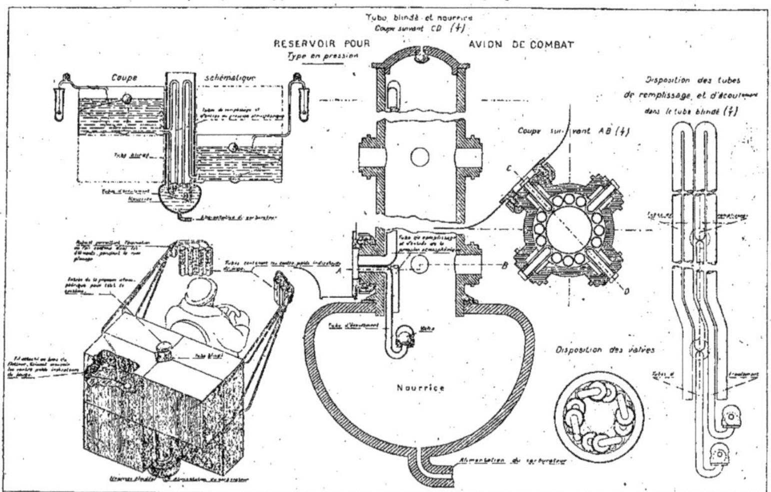

Remplissage et purge d'air. — Le remplissage des éléments d'un nombre quelconque, (8 par exemple) s'effectue par le tube blindé ou nourrice qui seul est en contact permanent avec la pression atmosphérique.

Les éléments groupés autour sont parfaitement clos et bien étanches à l'air. Ils ne sont mis en contact avec l'air qu'au moment du remplissage; l'air y contenu devant être évacué pour faire place au combustible. Cette purge s'effectue par une veine conduisant à un robinet passe-fil des niveaux funiculaires d'une combinaison particulière (1 par élément.)

Ces robinets purgeurs sont disposés par moitié en nombre de chaque côté du pilote au-dessus des niveaux qui, groupés sur une planchette, sont constamment sous ses yeux.

Puis ces robinets sont fermés avec soin.

Automaticité. — Le remplissage terminé, la nourrice subissant la première l'appel du moteur, se voit privée de l'essence qu'elle contient jusqu'au niveau de l'orifice des siphons de remplissage qui à ce moment se purgent par simple pesanteur du combustible, partie dans la nourrice, partie dans l'élément correspondant, livrant ainsi passage à la pression athmosphérique; ils deviennent désormais des siphons à air.

C'est alors seulement que les éléments peuvent se déverser progressivement et automatiquement dans la nourrice par les tubes d'écoulement, le liquide soulevant les valves et ce, tant que le niveau de la nourrice n'atteint pas les orifices des siphons à air.

Blessures. — Quand un seul élément est crevé, le liquide s'élève dans le tube blindé jusqu'au niveau de la blessure. L'essence restant au-dessous est fournie au moteur avant que les autres éléments puissent à nouveau continuer leur fourniture automatique.

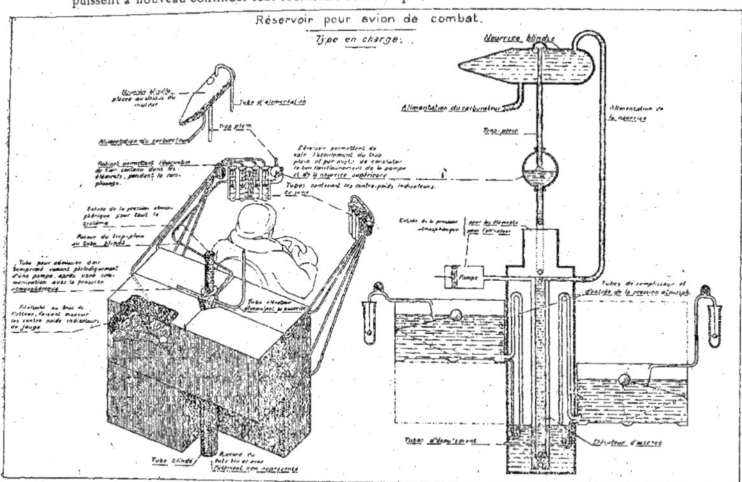

Quand deux éléments, l'un supérieur, l'autre inférieur, sont crevés, le niveau de l'essence s'élève dans la nourrice jusqu'au niveau de la blessure de l'élément supérieur. Le liquide ne peut alors s'écouler par la blessure de l'élément inférieur, la valve ou clapet de sa veine d'écoulement s'y oppose, et le siphon formé par le tube de remplissage est inamorçable.

Le combustible restant dans l'élément supérieur blessé sera donc d'abord utilisé, puis ce sera le tour de celui qui reste dans l'élément inférieur, avant que ces deux indemnes puissent reprendre leur fonctionnement automatique normal.

Deux genres de réservoirs. — Selon la place occupée dans le fuselage des avions par les moteurs et les réservoirs, il existe deux genres de ces derniers :

1º Ceux en pression ;

2º Ceux en charge.

Ceux en pression sont ceux dont l'essence a besoin d'être élevée afin d'être fournie au moteur qui dans ce cas est situé au-dessus du réservoir.

Ceux en charge sont ceux qui fournissent directement l'essence au moteur situé en contre-bas.

Avions à Réservoir en pression. — Le moteur étant dans ce cas situé en contre haut du réservoir, deux petites pompes dont une de secours, (pompes aspirantes et foulantes) sont disposées contre l'un des montants du fuselage. La première marche au moyen d'une hélice que meut simplement la translation de l'appareil. La seconde (pompe de secours) fonctionne à la main.

Le combustible est aspiré dans la nourrice du réservoir et refoulé dans une nourrice supérieure, blindée en forme de moindre resistance à l'avancement dans l'air, et munie d'un trop plein intérieur de retour du combustible à la nourrice inférieure.

Ce retour s'effectue par une voie symétrique à celle ascensionnelle sur laquelle est interposée une boule en verre passe-courant à portée du pilote.

La nourrice supérieure fournit au carburateur. Elle est disposée au-dessus de ce dernier et conséquemment du moteur.

Avions à Réservoir en charge. — Ces appareils ont, nous l'avons dit, le réservoir situé au-dessus ou en contre haut du moteur.

De la combinaison précédente, il convient donc de supprimer les pompes, les voies d'alimentation et de trop plein de la nourrice supérieure et de cette nourrice elle-même.

La nourrice inférieure fournissant directement au carburateur se voit privée du plongeur central d'alimentation et du tube rapporteur du combustible en trop fourni.

(Ce réservoir de sécurité peut-être appliqué à tous autres véhicules militaires tels que : tanks, autos-canons, autos de ravitaillement, etc....)

* *

Le « Centre d'Etudes » se devait d'étudier et de proposer un système qui augmenterait dans d'aussi sérieuses proportions la sécurité de l'aviateur et par conséquent aussi sa puissance de combat.

AGENCE ÉCONOMIQUE DES COLONIES
BIBLIOTHÈQUE

L'ALIMENTATEUR D'ESSENCE

de MM. HENRY et DESMONS

Au cours des études d'avions et d'hydravions entreprises par le Centre de la L.A.F. un problème, quoique en bonne partie résolu, attira tout particulièrement l'attention.

Il s'agissait de l'alimentation automatique du carburateur du moteur situé *au-dessus* du réservoir.

Les dispositifs à pression et les pompes à pulsateurs avaient été trouvés sinon défectueux, du moins capables d'admettre heureusement des modifications ou même des substitutions présentant des caractères de moindre fragilité ou de moindre délicatesse de fonctionnement.

Description et fonctionnement

Sur les suggestions de M. R. Desmons, Ingénieur en chef du Centre d'Etudes, la Maison Henry réalisa une robuste pompe à engrenages *sans graissage* dont la lubréfication était assurée par une simple circulation d'essence.

Mise au point, cette pompe aspirant de l'essence sur une hauteur de 3 mètres (elle était montée à 3 mètres au-dessus du réservoir), fonctionna parfaitement avec un débit très régulier. Après 150 heures de marche sans arrêt dans ces conditions elle fut démontée et tous les organes étaient en parfait état.

Cette pompe simple et robuste (deux pignons d'engrenage en acier tournant dans un carter de bronze) avait en outre l'avantage d'être d'un prix de revient beaucoup plus réduit que les pompes à pulsateur.

Théoriquement elle avait un désavantage; il était nécessaire de l'amorcer au début de son fonctionnement. Ce désavantage était d'ailleurs tout théorique car, pratiquement, tous les systèmes connus demandent une mise en train à la main.

Il fut étudié alors une « nourrice » qui tant qu'elle n'était pas absolument vide entretenait l'amorçage de la pompe, un robinet d'arrêt, empêchant d'ailleurs cette vidange complète pendant l'arrêt du moteur.

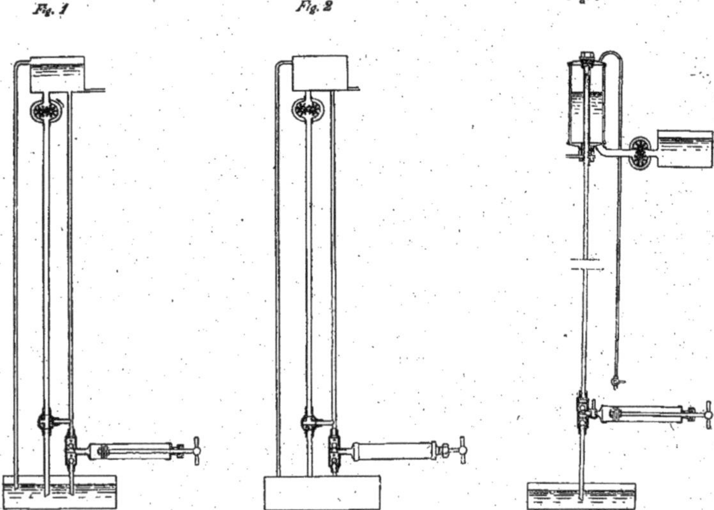

En outre une pompe aspirante et foulante manœuvrée à main constituait, en même temps qu'un dispositif de secours en cas d'avarie à la pompe, une mise en train qui, tout en alimentant directement le moteur pendant sa marche provoquait automatiquement l'amorçage de la pompe mécanique sans gêner son fonctionnement, les deux pompes pouvant agir séparément ou simultanément sans pour cela apporter aucune perturbation à l'alimentation régulière du carburateur.

Ce dispositif après une mise au point relativement rapide donna toute satisfaction. Mis en pratique, il eut été (il est encore) incontestablement le meilleur.

LES
CHARS MARINS

de M. Léon FOENQUINOS

L'art de la navigation sera-t-il renouvelé ?

En matière de navigation maritime, 3 stades ont marqué le progrès humain :
1° La navigation à voile,
2° La navigation à vapeur,
3° La navigation sous-marine.

Un Ingénieur français, M. Léon FOENQUINOS, vient de nous révéler un quatrième stade.

Il a réalisé et expérimenté en effet un *Char-Marin* qui manœuvre à la fois sur *sur terre* et *sur l'eau*, amérissant ou atterrissant à son gré, quel que soit l'état du rivage : pierreux, sablonneux, vaseux ou herbeux.

Le 23 Mars 1921, on vit cette singulière merveille : un engin de forme et de dimension assez semblables à un autobus, mais monté sur « roues à chenilles » d'un système très spécial, quitta son hangar en emportant dix passagers, suivit à 18 kilomètres à l'heure l'Avenue du Prado, à Marseille, entra directement à la mer, évolua aisément dans la rade du célèbre club sportif « La Pelle », regagna le rivage, l'escalada sans nul effort, et rentra chez lui.

Pendant des semaines, il renouvela ses évolutions, sous les yeux des autorités et de la population.

Cette démonstration créait un type nouveau d'appareil de navigation, et les plus grandes conséquences, comme nous le verrons, en pourront être tirées, pour le commerce et pour la guerre.

Cette découverte fait de notre collaborateur M. Léon Foenquinos un grand inventeur (1).

Des études longues mais intelligentes et précises, lui ont permis de réaliser sans retouches son étonnant engin de démonstration.

Ce point essentiel acquis, M. Foenquinos nous apporte une affirmation nouvelle et des documents nouveaux établissant qu'il lui est relativement très facile de transformer et compléter suivant des données connues et devenues communes, son Navire de terre et de surface en Navire sous-marin. Il n'existe là, en effet, aucune difficulté technique.

Dès lors, nous sommes en présence d'un cinquième stade de la Navigation, avec un Navire capable par ses seuls moyens de manœuvrer avec aisance, et sous la main d'un seul conducteur :

Sur terre,

Sur l'eau,

Sous l'eau.

Incontestablement il s'ensuivra une révolution de notre conception actuelle des transports. La « Ligue Aérienne Française » ne pouvait donc s'en désintéresser.

* *

Après le décisif essai de M. Foenquinos, d'autres essais d'appareils semblables ont été faits ailleurs par des appareils évoluant sur terre et sur eau seulement. Ils sont demeurés très inférieurs. En Danemark, par exemple, un véhicule '' Le Swaren '', d'ailleurs ingénieux, a manœuvré sur deux étangs rapprochés, mais pour aller de l'un à l'autre il dut suivre la voie ferrée qui les unit. Il ne pouvait donc utiliser n'importe quel terrain.

Par contre, l'appareil actuel de M. Foenquinos ne connaît nul obstacle — sinon, bien entendu, une surface verticale. Il franchit n'importe qu'elle zone de terre ou d'eau.

Sa caractéristique essentielle est dans la conception nouvelle de ses « chenilles ». Ce sont elles qui lui donnent la souplesse unique lui permettant d'évoluer sur les terrains les plus divers et les plus hostiles, et en particulier sur des fonds de sable ou de vase où les « chenilles » de nos tanks ou des autos seraient immanquablement enlisées.

Ces chenilles sont constituées par une série d'éléments creux identiques reliés les uns aux autres par des articulations telles que la chenille ne soit flexible que dans un sens, celui de l'enroulement sur les tambours.

Le Navire qui évolue à la fois *sur terre, sur l'eau* et *sous l'eau,* est le type parfait (et d'ailleurs unique) du véritable *Navire-Amphibie.* Celui-ci offre encore cette singularité et cet avantage extrêmement curieux de pouvoir rouler aussi sur les fonds sous-marins.

L'appareil de M. Foenquinos (dont certaines caractéristiques sont données à la suite) est massif, robuste, inchavirable, étanche, susceptible d'être équipé pour les buts les plus divers, les plus utiles, les plus nouveaux.

____

(1) M. Foenquinos, qui réalisa d'intéressantes mines aériennes à bombardement automatique, est aussi un des pères de la télémécanique.

Son auteur précise et divise ainsi les types variés et brevetés de ses navires-chars :

Chars de transport,   Chars pour travaux sous-marins,   Chars militaires,
Chars-citernes,   Chars de sauvetage,   Chars canons,
Chars-agricoles,   Chars de pêche,   Chars de plaisance,
Chars de travaux publics,   Chars péniches,   Chars de transport transocéanique et
                                                                  transcontinentaux.

Ces différents chars peuvent, suivant leur destination, être construits en tonnages très différents et M. Foenquinos prévoit et détaille des types variant de 3 tonnes à 1000 tonnes et plus. (1)

Un seul de ces types d'ailleurs constituerait déjà un apport infiniment original et précieux pour les transits et pour l'Armée.

Mais quatre types, que nous développons plus loin, retiennent en fait notre attention. Ce sont :

Types Militaires.

1° Le char-amphibie blindé de 4 tonnes de charge utile. C'est le « Tank supérieur », armé en guerre, et que n'arrêteraient ni la brousse, ni les tranchées, ni les barbelés, ni les marécages (qu'on se souvienne de l'Yser !) ni le Rhin.

2° Le Char-amphibie blindé de 400 tonnes de déplacement en plongée. C'est le « Super-Sous-Marin », capable d'aller par ses propres moyens et sans arrêt de Lille à Londres... ou bien plus loin. Même modèle que le précédent, mais sensiblement plus puissant.

Types Commerciaux.

3° Le char de transport de 400 tonnes également (dont 100 tonnes de charge utile) utilisable aux colonies dont il peut entièrement transformer les conditions d'exploitation et d'existence en supprimant l'utilité des voies ferrés et des routes. Sa route, il la fait lui-même à travers bois, fleuves ou marais.

4° Le Char-péniche, plus modeste, de 40 à 50 tonnes, (dont 15 tonnes de charge utile) susceptible d'unir, sans canal spécial, le Rhin au Rhône par exemple, et de mettre de même en liaison tous nos systèmes de routes et de voies d'eau en France et aux Colonies.

Tels sont les grands résultats qu'on peut attendre des travaux de M. Foenquinos. Il est un des bons ouvriers du progrès national et humain.

Nous lui devons ici une large place.

En effet, et par exemple :

La France a investi plus de 40 milliards dans des entreprises étrangères, plus ou moins contrôlables. Elle a investi seulement 5 milliards environ dans ses entreprises coloniales.

Or, elle achète chaque année à l'étranger — et cela l'épuise — 25 milliards de matières premières qui pourraient lui être fournies, toutes, par ses colonies, sans compter bien d'autres choses.

Les deniers de la nation ne sont donc pas canalisés par les Pouvoirs Publics dans le sens utile.

S'il existait en France une organisation d'Etat, armée pour remédier à la crise actuelle, apte à mettre en plein rapport les immenses ressources de nos Colonies (2), capable donc de « faire de la richesse » au lieu de constater et déplorer les prodomes de ruines, les chars de transport ci-dessus décrits lui fourniraient les premiers la clef de son action.

(1) Il détaille aussi un petit char agricole de 1.500 kilos (dit Auto-Tracteur) circulant sur terre, sur vase et sur eau, merveilleux engin pour nos cultivateurs de France et des colonies.
(2) Onze milliards d'hectares.

DESCRIPTION ET ESSAIS DU CHAR MARIN

" LA FRANCE "

Le Navire de démonstration à chenilles *La France* est un bâtiment d'un déplacement maximun de 9 tonnes. Il est constitué par une puissante charpente en bois de frêne doublée d'une robuste charpente en tôle et cornières prisonnières entre elles par un sérieux boulonnage et une solide fixation sur la première de ces charpentes.

La coque est en bois de pitchpin, étanche en tous ses points ayant reçu avant la fixation de la charpente d'acier, un rigoureux calfatage et un doublage de feutre sur toute sa surface sur laquelle a été fixé une chemise de recouvrement en feuillée de tôle plombée et soudée entre elles assurant une parfaite étanchéité du navire, permettant de ne pas compter seulement sur l'étanchéité de la coque, qui d'ordinaire est suffisante pour les navires aquatiques construits en bois.

Sur les flancs de la coque, et à leur partie inférieure sont fixés au travers de grosses poutres longitudinales solidaires de charpentes d'acier respectives les reliant énergiquement par des ceintures transversales d'acier aux charpentes inférieures et extérieures sus dites. Sur ces poutres longitudinales d'acier, sont montés les organes de roulements constitués par cinq galets situés à l'aplomb des dites et roulant sur des chaines pliantes sans fin d'une conception spéciale à M. Fornquinos.

Celles-ci sont constituées par une série d'éléments identiques reliés l'un à l'autre par des articulations rendant chacune des chenilles seulement flexible dans le sens de leur enroulement sur les tambours d'entrainement.

Dans l'autre sens, les deux chenilles restent rigoureusement inflexibles et constituent de ce fait un véritable rail d'acier, sans rainure et de grande largeur restant parfaitement rectiligne sur toute leur longueur de contact avec le sol, qu'elle que soit la résistance des obstacles solides sur lesquels elles passent en se développant sans fin.

En fait, les obstacles, de quelque natures soient-ils, cèdent au passage des chenilles et s'ils ne le peuvent, en aucun cas, elles n'épousent leur forme, ni celle des déformations du sol sur lequel le navire évolue.

**

La forme de la face extérieure des éléments de chenilles est telle qu'elle leur permet de s'agripper facilement sur les terres et fonds sous-marins sablonneux et vaseux. De plus elles offrent un grand avantage, celui de ne laisser *aucune trace de leur passage sur terre* quelles que soient les manœuvres, virages ou pirouettes que le navire effectue, attendu qu'elles ne présentent aucune pièce tranchante pouvant s'incruster dans le sol, ainsi qu'il en est dans la plupart des tanks. Et ceci est à souligner fortement.

Les organes de roulement et les chenilles de *La France*, sont entièrement compris à l'intérieur de carters latéraux en bois de sapin de forte épaisseur, solidement boulonnés sur les poutres longitudinales externes formant bâti des organes susdits.

Le rôle des carters à chenilles est des plus importants. Tout d'abord, il constitue une véritable cuirasse protectrice des organes de locomotion terrestre, contre *tous chocs* de ceux-ci avec des obstacles solides sur lesquels le navire peut venir buter dans ses évolutions sur terre ou sur mer. A titre d'expériences d'essais de leur résistance au choc, on a laissé choir à dessein le navire *La France* sur des rochers sous-marins, sur lesquels il cognait fortement, sans que ceux-ci aient pu produire le moindre ébranlement de sa coque, ni de ses carters à chenilles.

Pourtant, de tels chocs, si violents, auraient mis en miettes des canots du tonnage de ce navire.

D'autre part, les parois latérales de ces carters à chenilles qui descendent jusqu'à quelques centimètres du sol, en épousant la silhouette longitudinale des chenilles, permettent la fixation sur leur partie inférieure, d'un rail longitudinal établi de chaque coté des faces latérales des dites chenilles, qui viennent porter sur lui lorsque le navire est flottant. Ceci à pour but d'éviter que les chenilles « prennent du mou » lorsqu'elles sont dans l'eau, portées par le navire flottant, ne reposant sur aucun appui matériel. Ce rail joue donc un rôle capital, celui de maintenir les chenilles en respect vis-à-vis des galets des roulements du navire, desquels elles ne peuvent en aucun cas se déloger.

Le char marin " La France "

Descente des passagers à leur retour de la mer

Les félicitations après les démonstrations

Le char marin " La France "

Evolutions en rade

Position d'atterrissage de " La France " à l'instant où il surmonte un matelas très épais
de varechs glissants, sur rivage vaseux.

Les carters à chenilles et les rails de portage des chenilles enserrant celles-ci de très près sur les deux faces latérales, constituent ensemble une sorte de boîtier dans lequel il ne peut pénétrer de l'extérieur aucun objet ou matières quelconques, tels que cailloux, boue, sable ou vase. De ce fait, lorsque le navire évolue en des lieux où se trouvent ces corps, ses organes de roulement restent parfaitement protégés contre leur envahissement qui ensevelirait les chenilles et les galets en immobilisant le navire dans sa marche.

C'est pour cela d'ailleurs que *La France* peut évoluer avec la plus grande aisance sur des *fonds sous-marins entièrement vaseux et sablonneux*, sur lesquels il a opéré de nombreux virages de tous rayons de courbure, zigzaguant, en *marche avant ou arrière*, amerrissant ou atterrissant avec la plus extrême facilité sur un rivage spongieux devant constituer l'obstacle le plus redoutable à sa navigation.

Les parois latérales de ces carters comportent des portes de visite par lesquelles il est facile de procéder au graissage et à la réparation de tous les organismes qu'ils enferment.

La forme identique des faces intérieures de chaque élément de chenille permet l'engrènement de celles-ci avec des tambours tracteurs montés sur des paliers fixés à l'extrémité arrière des poutres longitudinales extérieures sus dites.

Ces tambours tracteurs en acier, sont en relation avec les organes moteurs par leurs axes de rotation traversant la coque du navire dans des presses étoupes de modèles courants qui assurent l'étanchéité parfaite de ce dernier lorsqu'il est flottant.

.•.

La France est en outre *cuirassé extérieurement* par un revêtement en bois de sapin très épais recouvrant son fond de l'avant à l'arrière. Cette robuste cuirasse est constituée par des panneaux démontables permettant de reviser ou simplement de constater l'état des charpentes extérieures et de la tôle pombée recouvrant la coque et dont il est parlé au début de ce paragraphe.

Le rôle de cette cuirasse est celui de permettre au navire d'aborder brutalement des obstacles sous-marins rocheux, sans livrer sa coque au danger de crevaison. En outre, et pour le combat, de puissants blindages peuvent être prévus.

La superstructure du navire et son aménagement sont ceux d'un grand canot vitré donnant abri et place à une *douzaine de passagers*.

La toiture du navire ou plafond de sa superstructure comprend deux larges panneaux coulissants disposés à l'avant et à l'arrière, permettant le premier, une bonne aération de l'intérieur du bâtiment, le deuxième, un accès facile aux passagers.

Les parois latérales, avant et arrière de la superstructure sont constituées par des panneaux vitrés démontables s'encastrant de façon très juste dans des encadrements formant la charpente de la dite. Ces panneaux vitrés offrent en outre une parfaite étanchéité de la partie supérieure du navire qui peut ainsi affronter une grosse mer sans craindre des rentrées d'eau à l'intérieur de sa coque, mise définitivement ainsi à l'abri de tous dangers.

Organes moteur, de transmission de force motrice, de commande, de direction terrestre et aquatique

La puissance motrice du navire est fournie par un moteur à essence de 30 HP., disposé dans le tiers avant intérieur de sa coque. Ce moteur est solidement boulonné sur un chassis métallique solidaire de la charpente métallique intérieure constituant l'ossature du navire.

Le refroidissement du moteur est assuré par un radiateur en relation d'une part avec une pompe centrifuge actionnée par le moteur et d'autre part avec un grand réservoir d'eau de forme cylindrique fixé sur la toiture du navire et à l'arrière, du côté gauche. Ce réservoir d'eau est relié au radiateur par une conduite sur laquelle est interposé un double robinet à trois voies commandé par une manette. Ce robinet situé à l'avant, près du moteur et du siège de pilotage du navire permet d'établir la circulation d'eau de refroidissement du moteur, soit en passant par le réservoir, soit en la prenant à l'extérieur du navire lorsque celui-ci est flottant, pour le rejeter au dehors après emploi. Ainsi sont réalisés deux modes de refroidissement du moteur, dont un employé sur terre, et l'autre seulement sur l'eau.

Dans le mode de refroidissement par circulation d'eau empruntée à l'élément liquide, eau douce ou eau de mer, des robinets à manettes empêchant l'eau de mer de circuler dans ses tubulures sont établis sur les conduites d'arrivée et de départ d'eau du radiateur. Dans ces conditions l'eau extérieure est aspirée par la pompe reliée au flanc droit du navire par une conduite débouchant sur la coque au-dessous de la ligne de flottaison la plus basse, correspondant au déplacement du navire à vide. Sur cette conduite est interposé le double robinet à trois voies susdit, duquel repart la conduite rejetant l'eau du moteur à l'extérieur. Cette conduite débouche sur le flanc gauche de la coque au-dessus de la ligne de flottaison, correspondant à la charge utile maxima.

Ce double refroidissement du moteur, permet d'économiser l'eau contenue dans le réservoir mentionné, qui est utile pour le refroidissement du moteur, lorsque le navire navigue sur terre.

Le radiateur est comme dans les véhicules automobiles, fortement ventilé par un puissant ventilateur actionné par le moteur.

L'évacuation des gaz du moteur est assurée par une grosse tubulure reliée à un pot d'échappement duquel par une autre tubulure débouchant au-dessus et à l'avant de la toiture du navire, formant cheminée d'échappement.

Ces conduites de sortie des gaz chauds sont recourvertes d'épaisses tresses d'amiante rendant impossible tout dégagement de chaleur à l'intérieur de la cabine du navire.

Organes de transmission de force motrice

Les organes principaux de transmission de force motrice du navire sont constitués tels que ceux des camions automobiles; à savoir : un embrayage principal, les boîtes de vitesses (au nombre de trois, comprenant la marche arrière), un différentiel muni de ses freins.

Les axes droit et gauche du différentiel sont reliés (par chaînes passant sur roues et pignons dentés, situés à l'intérieur de la coque du navire et formant démultiplicateurs de vitesses) aux axes des tambours tracteurs des chenilles.

La transmission de force motrice à l'organe de locomotion aquatique, qui est une hélice marine tournant en régime normal à 800 tours, est constituée par un axe porte hélice, qui d'une part sort hors de la coque du navire, au travers d'un presse étoupes de modèle courant, fixé sur l'arrière de la dite, et d'autre part est solidaire d'une roue dentée située à l'intérieur de la coque, engrénant avec un pignon solidaire d'un baladeur à fourchette formant le mâle d'un embrayage, dont la femelle est solidaire de l'arbre principal de force motrice.

L'arbre porte hélice monté sur paliers, comprend avant sa sortie de la coque un cardan qui permet à l'arbre porte hélice de ne pas transmettre aux autres mécanismes en relations avec lui, les trépidations produites par l'hélice.

Le réservoir d'essence alimentant le moteur est situé sur la toiture du navire, symétriquement au réservoir d'eau sus mentionné, par rapport au plan longitudinal de symétrie du Navire. Ces deux réservoirs cylindriques en zinc, ont une capacité de cent litres chacun.

L'essence est amenée au moteur par une conduite de petit diamètre débouchant aux extrémités avant et arrière de la génératrice inférieure du réservoir en question. Cette double prise d'essence est nécessaire afin de permettre l'alimentation du moteur *quelle que soit l'inclinaison de la rampe ou de la déclivité* que le navire épouse lorsqu'il monte l'une ou descend l'autre. Sur la dite conduite d'alimentation du moteur, sont interposés des robinets d'arrêt et de sûreté ainsi qu'un filtre à essence.

La disposition du réservoir à essence sur la toiture du navire permet d'éviter *tous risques* d'accidents par incendie.

Organes de commande et de direction terrestre et aquatique

Le Navire devant recevoir des passagers le poste de pilotage a été disposé à l'arrière du moteur ainsi qu'il en est dans les automobiles, afin que les passagers soient commodément assis à l'arrière du moteur encore comme dans les automobiles.

Ceux-ci peuvent librement circuler à l'intérieur du navire, sur un plancher convenablement établi sur un châssis métallique sur lequel sont montés le moteur et les divers organes principaux de transmission de force motrice. Ce plancher est constitué par une série de panneaux juxtaposables permettant *la visite rapide* de tous les organes sus dits et des organes de commande et de direction du navire qui sont disposés dans le fonds de la coque constituant une chambre des mécanismes entièrement fermée par le plancher, qui les masque à la vue. Au dessus de ce plancher sont disposés sur la droite et la gauche, à l'intérieur de la superstructure vitrée les deux banquettes longitudinales servant de sièges à passagers.

∴

Les organes de commande et de direction terrestre sont disposés de la même façon et sont identiques à ceux des automobiles. Le pilote a de fait tous les leviers de commande *à la portée de sa main.*

Le volant qui d'ordinaire commande la direction d'une automobile, permet également ici d'assurer parfaitement la direction sur terre, exigeant le moindre effort pour sa manœuvre. Dans ce but, l'axe de rotation du volant commande par des leviers et des tiges d'acier les freins du différentiel. Ces commandes des deux freins sont distinctes et peuvent également être obtenues par deux pédales que le pilote manœuvre avec ses pieds. Cette commande de chacun des freins du différentiel, qui par ses axes droit et gauche transmet la force motrice aux tambours tracteurs des chenilles, permet au pilote d'utiliser l'action de ses membres inférieurs lorsque celle de ses mains lui est nécessaire pour manœuvrer d'autres commandes du véhicule.

Ainsi donc, lorsque le pilote manœuvre le volant de direction en le faisant tourner d'un angle de 30 degrés, relativement petit, ou qu'il appuie sur la pédale droite, il freine l'organe tracteur droit de locomotion terrestre et le navire se met à tourner sur sa droite. La commande opposée du volant de direction ou celle de la pédale gauche permettant de freiner l'organe tracteur gauche de locomotion terrestre, fait tourner le navire sur sa gauche. Suivant que ces manœuvres du volant ou des pédales sont plus ou moins énergiques, le navire décrit des courbes de rayons plus petite ou plus grande. Une commande très énergique de l'un ou de l'autre des organes de locomotion terrestre, permet de bloquer une des deux chenilles et de ce fait le navire ne roulant que sur l'une d'elle, se met *à pirouetter* en décrivant un cercle avec la dite. Le bloquage simultané des deux organes de locomotion terrestre permet d'obtenir *l'arrêt instantané* du navire. Cette commande d'arrêt est obtenue par la manœuvre d'un levier à cran d'arrêt situé à la droite du pilote, et qui est en relation avec les freins du différentiel. Il est bien entendu que pour effectuer cette manœuvre on débraye d'abord le moteur ou bien on met le levier de changement de vitesses au point mort. Cette simplicité de commande de la direction terrestre du navire, permet, à quiconque nullement instruit de la conduite d'un véhicule automobile, de la diriger avec maitrise.

Cet avantage est fort précieux, surtout lorsqu'on considère que ce nouveau mode de lomotion devra bientôt être mis à la portée de tous, en tous lieux du monde et notamment aux colonies où le pilotage pourra être ainsi confié à des indigènes.

Navigation sur l'eau

Sur l'eau, la commande de direction du navire est unique et consiste dans la manœuvre d'un volant situé à la portée de la main droite du pilote. L'axe de ce volant commandé par l'intermédiaire d'un pignon denté claveté sur lui, une portion de chaine de galle, dont les extrémités sont reliées à des câbles de transmission passant sur des poulies de renvoi et se terminant à l'extrémité de la barre de commande du gouvernail aquatique du navire, situé à l'arrière de sa coque.

A la droite du pilote se trouve un levier à cran d'arrêt commandant l'embrayage de l'arbre porte hélice. La simplicité des commandes et des manœuvres de direction du navire sur terre et eau rend très facie son amérrissage et son atterrissage.

Pour amerrir, il suffit en effet de laisser avancer le navire vers le rivage. Une fois celui-ci atteint, il descend sa pente sans nécessiter d'agir sur aucune commande. Progressant dans la masse liquide et prenant du fonds, le déplacement de la coque du navire finit par produire une poussée archimédienne égale à son poids total. A ce moment le navire décolle définitivement du sol sous-marin et se met à flotter; les organes de locomotion terrestre continuant à tourner et battant l'eau avec la face extérieure inférieure des chenilles, ce qui donne une légère propulsion aquatique au navire. Aussitôt, il suffit d'embrayer l'arbre porte hélice pour obtenir immédiatement la propulsion aquatique réelle. Il ne reste plus qu'à mettre au point mort, le levier de changement de vitesses pour arrêter leur mouvement, ainsi que je l'ai expliqué plus haut.

Pour atterrir, il suffit de diriger le navire tout droit sur le rivage, en manœuvrant le gouvernail de direction aquatique et aussitôt que le navire touche le sol sous-marin, ce qui se sent très bien lorsqu'il vient buter sur lui dans sa course : on enclanche le levier de changement de vitesses en deuxième, ce qui met les organes de locomotion terrestre en marche. Aussitôt les chenilles s'aggripent sur le sol sous-marin et le navire continue sa route sur le fond du rivage par lequel il accède à la terre ferme sans autre manœuvre.

Il suffit alors de débrayer l'arbre porte hélice en déclanchant le levier de commande de l'embrayage correspondant sus mentionné.

❖

Remarquons que les amerrissages et les atterrissages de " La France " ont tous eu lieu par le rivage vaseux du Club " La Pelle " enclavé dans le terrain du Roucas-Blanc à Marseille; rivage offrant par conséquent le *maximum de difficultés* à franchir. Aucun autre véhicule au monde n'a réalisé ces performances.

Navigation sur terre

Sur terre, les évolutions du navire peuvent s'effectuer sur de très petits emplacements étant donné *qu'il pivote sur place dans n'importe quel sens.* Cette importante faculté obtenue par la *forme spéciale des chenilles* n'est offerte par aucun des véhicules terrestres à roues qui ne peuvent qu'effectuer des virages dont les rayons de courbure sont d'autant plus grands que les roues avant et arrières sont plus distantes. De même pour certains tanks dont les chenilles s'incrustent dans la terre.

Les navires à chenilles, par contre, pourront ainsi que leur modèle " La France " virer sur place, décrire des courbes de tous rayons, c'est-à-dire que, quels que soient leurs tonnages ou autrement dit leurs dimensions longitudinales, ils suivront avec facilité les *routes ou chemins les plus sinueux.*

❖

Quoique le navire type ait été construit en vue de démonstrations exclusives de navigabilité en tous lieux et sur tous obstacles terrestres et aquatiques qu'il a brillamment satisfaits lors de ses essais officieux et officiels et que par conséquent son auteur n'ai pas du tout cherché à le doter de vitesses maxima avec lesquelles il aurait remporté des records faciles parmi les véhicules à chenilles connus, on a pu cependant contrôler qu'il navigue sur terre notamment avec une rapidité remarquable.

En effet lors des déplacements effectués par son navire dans Marseille, particulièrement celui ou il s'est rendu par ses propres moyens de locomotion terrestre du lieu des essais situé au Roucas-Blanc à la Place du Chapitre, (lieu où il a été exposé à la population) les vitesses qui ont pu être contrôlées étaient comprises entre o et 18 kilomètres à l'heure. Cette dernière vitesse maxima a pu être atteinte sur l'avenue du Prado. La chaussée de cette avenue qui est asphaltée est très plane et rigoureusement lisse. Cette vitesse maxima a pu être atteinte, grâce à la conception des chenilles. Leur inflexibilité dans un sens, et leur forme intérieure font d'elles de véritables rails de chemins de fer rigoureusement rectilignes, *quels que soient les obstacles qu'elles surmontent.*

Dans les grands navires à chenilles de l'avenir, leur vitesse sur terre *sera considérablement accrue,* car leurs chenilles seront de vrais chaussées d'acier planes et lisses.

Le terrain appartenant au Club « La Pelle » est situé au bord du rivage, dans la propriété du Roucas-Blanc, tout près de l'endroit où l'Avenue du Prado aboutit à la Promenade de la Plage. Le rivage forme là une petite anse, dite anse du Roucas-Blanc et dont le sol sous-marin est constitué par une cuvette recouverte de sable s'étendant loin dans la mer.

Le mouvement des vagues apporte en cette anse des détritus de toute nature, se convertissant à la longue en une sorte de vase, mêlée de sable et d'algues marines.

L'épaisseur de cette couche de limon recouvrant cette partie de l'anse est en moyenne égale à o"5o et forme une bande de plusieurs dizaines de mètres de largeur s'étendant sous les flots.

Au delà de la ligne moyenne de démarcation des eaux le sol est également recouvert par une *couche de vase,* moins épaisse que celle immergée, mais recouverte *d'un matelas d'algues marines,* très épais, que les flots mouvants sur le rivage bouleversent sans cesse en les ammoncelant, pour les reprendre ensuite, en les rejetant à la mer qui les redonne de nouveau au rivage.

Celui-ci constitue donc par la nature des matériaux qui le constituent, le plus redoutable obstacle à franchir pour un véhicule de locomotion terrestre et aquatique.

Ainsi il suffit de signaler que le plus petit esquif butant légèrement contre le sol sous-marin de ce rivage, s'engage dans la couche de limon qui le recouvre, et il est alors nécessaire de l'atteler au cable tracteur d'un treuil fixé à demeure sur la terre ferme, installé à cet usage loin du rivage, pour l'en sortir, en le dégageant préalablement au moyen de palonniers.

Or, « La France », par ses seuls moyens de locomotion terrestre, a traversé de *nombreuses fois* ce même rivage, allant de la terre à la mer et vice-versa, amerrissant ou atterrissant avec la même facilité qu'il navigue sur terre ferme.

Il est à remarquer que tout le long de la ligne moyenne de démarcation des eaux, le sol sous-marin est de beaucoup plus mou que le sol recouvert d'algues situé hors des flots.

De cette différence de résistance du sous-sol naît une difficulté supplémentaire que « La France » surmontait encore et que voici :

.*.

Lorsque le navire amerrissait, dans la position à cheval sur la ligne de démarcation des eaux, la partie avant des chenilles pénétrait plus facilement dans le sous-sol immergé que leur partie arrière posant encore sur le matelas d'algues. De ce fait le navire prenait une inclinaison qui allait en augmentant au fur et à mesure de son avancement vers la mer. Aussitôt que le navire était arrivé à poser par ses chenilles sur le sol immergé, sur lequel il pesait de tout son poids, il s'enfonçait carrément d'une assez grande profondeur dans la couche de limon puis reprenait son horizontalité. Il continuait alors sa marche en avant, s'avançant progressivement dans les flots, jusqu'au moment où il décollait du sol sous-marin pour flotter sur eux, devenant navire aquatique.

Le navire franchissait cet endroit du rivage avec rapidité et le pilote n'avait nullement à se soucier de ces dangereux obstacles, lesquels n'exigeaient grâce au principe de fonctionnement et de conception des organes de locomotion terrestre, aucune manœuvre de leur direction.

Au retour et pour l'atterrissage, le même obstacle se représentait à son avancement. Il s'inclinait alors fortement, l'arrière plongeant nettement dans la vase recouvrant le sous-sol immergé. Les chenilles s'aggripaient sur l'algue marine qui, plus résistante, constituait comme un mur de barrage très incliné, qu'elles remontaient ainsi qu'elles le feraient sur le flanc d'une montagne ; puis l'obstacle surmonté, le navire tombait sur l'épaisse couverture d'algues recouvrant le sol et continuait sa route devenue terrestre.

D'après l'affirmation autorisée de conducteurs de chars d'assaut de guerre, aucun tank ne pourrait circuler sur cette algue qui les obligerait à caler. Inutile d'ajouter que le navire ayant évolué sur ces fonds, il est a fortiori démontré qu'il amerrit ou atterrit avec autant, sinon plus de facilité par des rivages, dont le sol sous-marin est constitué seulement par du sable, du gravier ou des pierres offrant un bien meilleur aggripement de ses chenilles.

Navigation en plongée

La transformation, nous l'avons déjà dit, du char-marin en submersible, lui permettant ainsi d'évoluer à son gré, à la fois :

Sur terre ;

Sur l'eau ;

Sous l'eau ;

ne présente pas de difficultés techniques, ni de difficultés réelles de réalisation, et doit être considéré comme acquise. Aucune des données de cette transformation ne constitue des inconnues.

Il y a lieu de souligner ici à nouveau que le char en plongée est apte à circuler (ce qu'aucun submersible ne saurait évidemment tenter) sur les fonds sous-marins de profondeurs limitées et variables.

DEUX TYPES MILITAIRES

LE TANK SUPÉRIEUR

A Monsieur le Ministre de la Guerre

Nous appelons ainsi le modèle de 4 tonnes de charge utile, longueur environ 6 m., largeur environ 2 m., moteur à explosion 160 CV pour la navigation sur terre et en surface; moteur électrique et batterie d'accumulateurs pour navigation en plongée. 2 paires de gouvernails de profondeur à commande parallèle, batterie d'air comprimé. Organes de vue périscopique, etc., etc...

Prix de l'unité à raison de 6.000 frs la tonne, environ 180.000 frs.

Vitesse sur terre : 10 kilomètres à l'heure en palier (vitesse des Tanks);

Vitesse en surface : 10 nœuds environ (chenilles et hélices en fonctionnement);

Vitesse en plongée : 6 nœuds environ (hélice seule).

L'auteur envisage d'ailleurs des vitesses supérieures sur terre.

Malléabilité remarquable, l'appareil, on le sait, pouvant pirouetter sur place, sur terre ou dans l'eau.

Massif, robuste, blindé, armé de canons légers et de mitrailleuses, évoluant sur les fonds sableux, vaseux ou rocheux, sur terre, sur l'eau, et sous l'eau, le *Tank supérieur* doit connaitre peu d'obstacles, et laisse loin derrière lui les modèles actuels.

Durant la guerre, les Alliés, en Octobre 1918 utilisèrent un Tank dit « Char International », d'un poids total de 37 tonnes, de 10 m. 42 de longueur, 3 m. 76 de largeur, 2 m. 30 de hauteur, avec chenilles de 67 cm de largeur donnant une surface supportatrice de 3 m., 18 mq, pour un enfoncement de 50 m/m, à laquelle correspondaient des pressions sur le sol égales en moyenne à 1,16 Kgs. On envisagea même un plan de char pesant 60 tonnes.

Ces appareils ne pouvant se mouvoir que sur terre, redoutant les marais et les sables, incapables de franchir une rivière, demeurent très au-dessous du Tank supérieur.

En liaison étroite avec les régiments qu'il précède et qu'il couvre, ou agissant en groupes isolés, le champ de manœuvre de ce dernier est le plus vaste qui soit, et il n'est pas besoin d'insister sur les tactiques qu'il inaugure.

Il franchira le Rhin, sur l'eau, ou sous l'eau, aussi aisément qu'il traversera un champ de navets, ou escaladera une côte abrupte.

En ce moment, en quels refuges les « harkas » riffaines pourraient-elles éviter le choc ou la poursuite des Tanks supérieurs, si bien alimentées et commandées qu'elles soient par Berlin, Moscou et Angora ?

On peut aisément conçevoir et réaliser ce modèle d'une taille double, mais il apparait que l'appareil de 4 tonnes de charge utile est le modèle le plus souple, et le plus aisé à multiplier, pour accompagner les armées, et accroitre dans des proportions impressionnantes leurs capacités d'offensive et de défensive.

Nos chefs militaires ne s'y tromperont pas.

L'un d'eux, ayant assisté aux évolutions de « La France » et en tirant aussitôt les mêmes conclusions que nous, écrivait notamment :

« ...La question est d'importance! Elle intéresse plus particulièrement le génie, car elle est intimement liée à celle des ponts, et l'artillerie, qui a besoin de mettre en œuvre des matériels de plus en plus puissants, ne devant se laisser arrêter ni par des terrains cahotiques, ni par des rivières dépourvues de ponts, ni par les moyens révélés par la guerre chimique... »

Après les indications fournies ci-dessus, l'Etat dira s'il prend ou non la responsabilité de protéger les troupes françaises sous le bouclier quasi-invulnérable des *tanks supérieurs*, ou bien s'il prétend les laisser à découvert.

Cela regarde d'abord M. le Ministre de la Guerre.

LE SUPER-SOUS-MARIN

A Monsieur le Ministre de la Marine.

Si le type qui précède est surtout conçu pour appuyer l'armée de terre, le type que voici est surtout étudié pour appuyer l'armée navale.

Ce tank de haute-mer, ou *Super-sous-marin*, doit-être comparé, lui, au submersible ordinaire, plutôt qu'à un Tank ordinaire. Sa supériorité apparait éclatante.

Le submersible ordinaire est un appareil délicat qui ne saurait quitter la mer.

Le Super-sous-marin évolue aussi aisément sur terre que sur mer, en surface ou en plongée. Quel engin saurait donc lui être comparé? Et quelles perspectives ne nous ouvre-t-il pas ?

Le type prévu atteint 400 tonnes de déplacement en plongée. Ses caractéristiques sont les mêmes que le modèle « Tank supérieur » dont il est une reproduction élargie. Il peut mesurer 40 à 50 mètres de longueur, 5 à 6 mètres de largeur, avec tirant d'eau de 4 mètres environ chenilles comprises.

Vitesse sur mer et en plongée, sensiblement égales à celles des submersibles actuels de même déplacement et puissance propulsive sur terre. Leur vitesse en palier doit pouvoir atteindre 35 à 40 kilomètres à l'heure.

Le Super-sous-marin peut quitter son hangar souterrain de Lille, par exemple, gagner la Manche, la franchir en naviguant en surface ou bien en plongée, atterrir sur une plage quelconque de la côte anglaise, et s'en aller visiter Londres...

Ce raid pacifique donne une idée des effets possibles de tels engins en temps de guerre. Porteurs de torpilles et de canons mobiles, ils peuvent devenir les vrais souverains des mers européennes.

Ils constitueront de toute façon les plus puissants éléments de défensive ou d'offensive pour la défense des côtes, ou pour leur attaque. Ils suppriment le dur problème de l'embarquement ou du débarquement.

Ce sont eux, conjugués, avec les Hydravions-torpilleurs, qui peuvent vraiment constituer ce *bras de fer* que la France doit tendre, de Provence en Algérie, au travers de la Méditerranée.

Prix de l'unité, environ 2.500.000 francs.

DEUX TYPES COMMERCIAUX

LE CHAR DE TRANSPORT COLONIAL

A Messieurs les Ministres des Colonies

et du Commerce.

Ce troisième type est analogue au précédent, avec cette différence que les dispositions faisant de lui un submersible sont supprimées. Il suffit en effet que le Char de transport colonial navigue sur terre et sur l'eau, qu'il puisse donc franchir sans bifurquer : les taillis, la brousse, les côtes, comme les sables, ou bien les marais et les fleuves.

Cela étant, il fait sa route lui-même, par la ligne courte, et il ne semble pas qu'au sein des pays neufs aucun autre système de locomotion puisse lui être comparé.

Le problème des transports, c'est la vie même des colonies. Quelle plus belle et plus facile solution pourrait leur être apportée, qu'il s'agisse de *l'Indo-Chine*, de *Madagascar*, de *la Guyane*, de *l'Afrique*, etc...

Au Maroc, le Char colonial armé peut aller avec sécurité, par exemple, de Marrakech à Fez, et à Oran.

Au Sahara, il peut unir Alger et Tombouctou.

Il peut rayonner dans les vastes et riches contrées du Sénégal, du Niger et du Congo, unir effectivement Dakar, Kayer, Bamako, Bingerville, Porto-Novo, et sillonner de même toute l'Afrique Equatoriale.

Nul besoin de lui préparer le terrain. Il passera tout seul, à peu près partout, emportant avec lui, à bonne vitesse moyenne, d'importantes cargaisons de passagers ou de marchandises. *Il fait sa route lui-même.*

A son sujet le « Lloyd Anversois » écrivait :

« ...Les chars coloniaux à chenilles spéciales ne sont-ils pas de nature à donner la clef des réali-« sations du projet de la mise en valeur des colonies ? Avec eux, plus n'est nécessaire de construire des « routes, ni des chemins de fer pour entreprendre l'exploitation de régions coloniales.

« D'éminents techniciens ont publié à ce sujet d'importants articles dans les principales revues « invitant le gouvernement Français à utiliser au plus tôt cette création.

« L'Etat Français devrait enfin réfléchir aux bienfaits que lui apporterait la mise en application « définitive... » .

Arrêtons-nous ici. Il est peu probable que l'Etat Français réfléchisse à quoi que ce soit. Son plus grand effort a consisté à exposer des vues du modèle « La France » dans les galeries du Conservatoire National des Arts-et-Métiers. Ceci fait, il s'est reposé.

Mais les gouverneurs des colonies pourraient penser et agir différemment.

Prenons comme exemple le Char Colonial de transport de 400 tonnes brutes, ou 100 tonnes environ de charge utile :

Prix de l'unité, au cours actuel de la construction navale marchande, à raison de 5.000 francs la tonne.. 2.000.000 de francs.

(Ce qui correspond à peu près au prix d'établissement seulement de 2 kilomètres de voie ferrée à écartement normal aux colonies. Or, 100 tonnes de charge utile représentent 20 wagons courants de 5 tonnes, soit un train entier).

D'où une énorme *économie* de temps et d'argent pour l'organisation des transits coloniaux.

Vitesse sur eau : Voisine de celle des navires marchands de même déplacement et même puissance motrice.

Vitesse sur terre : voisine de 40 kilomètres à l'heure en palier.

* *

L'auteur prévoit, suivant les régions, et suivant les besoins, des tonnages et des types différents qui peuvent être :

à grande charge utile,		à petit rayon d'action,		à faible vitesse,
à petite	—	à grand	—	à grande —
à grande	—	à petit	—	à grande —
à petite	—	à petit	—	à très grande vitesse.

Il indique en outre :

« Ces chars comprendront dans leurs coques des cales à marchandises de la plus grande capacité possible.

« Ainsi, des chars coloniaux dont les charges utiles seront comprises entre 20 et 300 tonnes, auront des cales dont les capacités libres de toutes charpentes atteindront des volumes compris entre 40 et 600 mètres cubes, minimum.

« D'autre part, il est compris dans leurs plans des chambres à combustible dont les capacités pourront atteindre pour les navires du type de 300 tonnes de charge utile, des volumes de 200 mcs minimum ; c'est-à-dire pouvant recevoir 200 tonnes d'huile servant à l'alimentation du ou des moteurs.

« De telles provisions de combustible, permettront à ces chars ou navires, même si leurs moteurs atteignent des puissances totales de 4.000 CV consommant 500 grs par CV de combustible, huile de graissage comprise, et donnant des vitesses moyennes de 20 kms à l'heure, de parcourir des trajets de *deux mille kilomètres sans être ravitaillés en combustible.*

« Sur l'eau, car ils peuvent suivre les rivages de la mer, ces navires seront tant au point de vue statique que dynamique d'une très grande stabilité ; d'une part parce qu'ils sont soumis aux mêmes lois de construction que les navires aquatiques, et d'autre part, parce qu'ils posséderont des organes de locomotion terrestre formant dans l'eau de gigantesques quilles longitudinales stabilisatrices, dont les surprenants effets de stabilité transversale ont été démontrés lors des essais du navire « La France ».

« Ces chars constitués par des organes massifs d'une visite facile, seront par conséquent d'un entretien insignifiant, donc peu coûteux. Leur pilotage sur terre pourra être confié à des personnes sans connaissances spéciales, même à des indigènes. Un seul mécanicien blanc pourra assurer la charge de la réparation et de l'entretien des moteurs de plusieurs appareils.

« Il est à remarquer, que leur construction dans la Métropole, ou leur réparation dans les Colonies, ne nécessitent aucune cale sèche. Ils seront construits et réparés sur terre, près ou loin de l'eau ».

En présence de telles considérations, si propres à servir l'intérêt public, nous nous faisons un devoir de donner ici tous les détails possibles, et de sortir un instant du domaine de l'Aviation ou de la défense nationale, tout en demeurant dans celui des transports.

LE CHAR PÉNICHE

A Monsieur le Ministre des Travaux Publics.

Si pour les Colonies, le Char de 100 tonnes de charge utile paraît particulièrement intéressant, pour la métropole, le type *Char-Péniche* de 25 tonnes de charge utile par exemple est aussi d'un grand intérêt.

C'est un frère, plus petit, du précédent. Mêmes caractéristiques. Mêmes possibilités.

Nul n'ignore l'importance économique de notre réseau de voies navigables. Il est très faible, et on tend à le développer. Mais ce sont là des projets qui ornent des programmes respectés et inexécutés. Seule l'Allemagne vient de travailler en grand dans ce sens.

L'Etat Français, lourd d'un budget de 36 milliards, est trop pauvre pour envisager les frais utiles.

Mais le canal du Rhône au Rhin, par exemple, est-il désormais indispensable ? Non

Un Char-Péniche de 25 tonnes de charge utile (soit environ 5 wagons ordinaires) peut gagner Marseille à une moyenne de 20 kilom. à l'heure, par tous les chemins de terre ou d'eau.

Il n'en coûtera que l'achat des bandes de terre à traverser ; quant à leur aménagement, il s'en chargera lui-même. D'autre part il restera insensible aux remous du Rhône.

Son tirant d'eau peut-être réduit à un mètre.

Il peut donc aborder également les canaux déjà existants où les péniches actuelles se traînent à 3 kilom. à l'heure. Les écluses ne le retarderont pas. Il les contournera par le chemin de halage.

Le Char-Péniche peut donc rendre (après calculs des frais de la tonne-kilomètre) de très grands services en établissant un lien nouveau, aisé à développer considérablement, de port à port, de ville à ville, de fleuve à fleuve.

Les chambres de commerce, tout comme le Ministre, peuvent avoir ici leur mot à dire.

***

Nous clôturons là cet intéressant chapitre d'une des nouveautés nées de la guerre. Nous pourrions largement l'étendre et le préciser. Il nous suffira sans doute d'avoir ainsi indiqué aux Pouvoirs Publics, et aussi aux particuliers, ce qu'on peut attendre de l'œuvre pratique de Léon FOENQUINOS.

CONCLUSIONS GÉNÉRALES

AGENCE ÉCONOMIQUE DES COLONIES
BIBLIOTHÈQUE

AVRIL 1925

" Voter pour HINDENBURG,
C'est voter pour la mort des
Français... "

(Les affiches des Comités du
Maréchal-Président).

JUIN 1925

L'autre Guerre:
" M. PAINLEVÉ se rend en Avion
au Maroc... "

(Les Journaux).

En cette fin d'année 1925, il n'apparaît pas que dans les théories qui précèdent, et qui furent écrites pendant la guerre, une seule idée soit à retrancher.

Or, dix ans d'études des questions aéronautiques (dont quatre sous l'égide de la L. A. F.) peuvent sans doute amener à certaines justes conclusions, dont d'autres réalisateurs pourront peut-être tirer quelque parti avantageux pour le pays.

Ces conclusions déjà émises en 1915, 16, 17, 18, ou 19, représentaient alors (surtout en 1915) d'audacieuses chimères aux yeux des tardigrades, ou bien de rationnelles anticipations aux yeux des plus clairvoyants.

Aujourd'hui ces mêmes conceptions, souvent reprises par d'autres, s'appuient plus fortement que jamais sur les matériaux forgés d'abord par le Centres d'Études de la L. A. F. et perfectionnés depuis par les mêmes collaborateurs.

Je les rassemble à nouveau dans les pages suivantes, à grands traits, dans la pensée qu'elles pourront peut-être servir d'éléments de discussion. Je les sais d'accord avec celles d'un grand nombre des meilleurs esprits de la politique et de l'armée.

Elles n'incriminent pas la gestion des différents Sous-secrétaires d'Etat de l'Aéronautique. Ils ont fait sans doute ce qu'ils pouvaient, dans l'infériorité étroite où les maintiennent des pouvoirs et des crédits très limités. (1) La création, l'organisation, la mise en œuvre d'une véritable armée de l'Air ne dépendent point d'eux. Elles doivent être le fait d'un accord, sur un plan déterminé, d'un Parlement qui comprendrait, et d'un Gouvernement qui agirait, sous l'impulsion d'un ministre novateur. Malheureusement si l'on excepte l'effort obligatoire de relèvement des " régions dévastées ", et précédemment les réalisations de Lesseps et d'Eiffel, on peut dire que depuis 5o ans, rien de grand n'a été tenté. La France *ravaude* mais ne *construit* pas.

Le présent semble lui suffire, et l'avenir lui échapper.

Nous avons 16o.ooo hommes environ engagés dans la guerre du Maroc, et environ 3o.ooo dans la guerre de Syrie. Est-ce la Paix? Je n'ose l'affirmer. Il nous faut donc continuer à parler de guerre. - H. S.

---

(1) " Le Sous-Secrétariat, issu au cours de la guerre de l'Ancienne Direction de l'Aéronautique Militaire, possède certains organes communs à toute l'Aéronautique. Il assure la liaison technique des différents services, utilisateurs, établit les plans des prototypes, passe les marchés, assure le contrôle de la fabrication et la réception des appareils de série. En réalité ce Sous-Secrétariat, inférieur dans la hiérarchie ministérielle aux différents départements qu'il alimente et unit, ne peut pas traiter avec eux d'égal à égal. Il négocie, conseille et sollicite ".

LE NOUVEL EMPIRE

Plus que jamais il faut maintenir que l'empire des Airs vaudra demain l'empire des Mers, et que la position géographique de la France fait d'elle le lieu du monde le plus favorable pour la direction de cet empire.

L'Etat français, dans son extrême imprévoyance ordinaire, et malgré ses faibles capacités d'organisation, devrait enfin s'en aviser.

Mais l'Etat n'a pas d'argent, dit-on, et tout est là. Si, il a de l'argent, disposant d'un Budget monstrueux de quelque 36 milliards, sans cesse grossi par des saignées régulières opérées à même le contribuable français, cependant que demeure hors d'atteinte, malgré sa défaite et malgré les traités, le contribuable allemand (1).

Cet incomparable scandale, changé en état normal, est en quelque sorte installé dans nos mœurs.

Mais si le Français paye tant et si bien, il a droit à quelques compensations, et d'abord à la *sécurité absolue*. Il ne l'obtiendra que si on le sait inattaquable.

Or, si les voies de l'air sont insuffisamment gardées, il reste entièrement à découvert. Et qui doute aujourd'hui que quelques attaques venues de l'est ou du nord feraient (en peu d'heures, et grâce aux bombes asphyxiantes) de Paris par exemple un champ de mort. (2)

Par conséquent le Budget qui s'appliquera à *l'Aviation de guerre* sera au premier chef un Budget de sauvegarde essentielle.

Et celui qui s'applique ou devrait s'appliquer à *l'Aviation de Commerce* (3) (que nous ne pouvons malheureusement, si grand que soit son rôle, faire entrer dans notre exposé) sera au premier chef également un budget de prospérité nationale.

(1) Fin 1924 on calculait que, contrairement au Traité de Versailles, le contribuable Français paie une moyenne de 621 francs, et l'Allemand 380.

(2) Nul n'ignore que les chimistes allemands travaillent activement en liaison avec l'Etat-Major reconstitué par le Général Von Steekt, dictateur voilé mais effectif. Or, la colossale organisation Interessen Gesellschaft, qui groupe d'énormes firmes telles que la Badische-Anilin, les Farbenfabriken Bayer, l'Aktien Gesellschaft, l'Anilin Fabrikation, le Farbwerke Hoechst et plus de dix autres employant ensemble plus de 100.000 ouvriers ou ingénieurs chimistes, donne vraiment à l'Allemagne le monopole de l'industrie des produits colorants, pharmaceutiques et photographiques. Son sol lui donne à profusion les matières nécessaires à ces industries : chlore, brome, iode, carbone, souffre et toute la gamme de leurs composés acides ; soude, aniline. Une série de deux ou trois manipulations de ces produits donne les colorants. Une quatrième manipulation, sans la moindre addition, donne un gaz mortel pouvant satisfaire les exigences les plus dangeureuses des stratèges de Berlin.

(3) L'Aviation de Commerce, elle aussi, va lentement chez nous, et souvent de travers. En 1923 une curieuse compétition divisa les Villes de Bordeaux et de Toulouse, pour le commandement de la très importante ligne France-Dakar, qui amorce Dakar-Amérique du Sud. Bordeaux avait pour elle la raison géographique et son port. Elle fut battue par Toulouse, grâce à la carence complète de sa Municipalité, du Comité spécial constitué pour la faire triompher, et de sa presse locale. Ce sera pour Bordeaux une défaite coûteuse dans l'avenir.

D'autre part, voici à titre documentaire, l'indication de toutes les lignes exploitées sur le globe en 1924.

Antibes, Ajaccio (tri-hebdomadaire) - Toulouse, Perpignan, Barcelone, Alicante, Malaga, Tanger, Rabat, Casa-

Quelle que soit son importance, l'Aviation de Commerce ne peut être traitée elle aussi dans le cadre limité de cet ouvrage, mais il faut, à titre documentaire, donner une idée de l'Aviation de Commerce allemande par la lecture du document suivant :

« Malgré la limitation stricte des avions du type commercial et du recrutement des pilotes, l'Allemagne détient et de beaucoup, la première place dans l'activité de la navigation aérienne. De 1921 à 1924, la distance parcourue par les appareils des lignes régulières aériennes a quadruplé. Le nombre des voyageurs transportés à été multiplié par vingt. L'an dernier soixante dix-huit avions en service régulier ont parcouru près de deux millons de kilomètres, transportant près de cinquante mille voyageurs. Vingt quatre lignes sont organisées, réunissant toutes les principales villes d'Allemagne. Ce mode de communication se vulgarise de plus en plus. Les avions sont presque toujours au complet. L'Allemagne a inauguré cet été le premier circuit de tourisme aérien qui permet de faire, en onze jours, tout le tour de l'Allemagne, frais d'hôtel compris, pour le prix de 1.400 marks.

« Aux deux grandes compagnies commerciales qui ont fonctionné jusqu'ici, le *Junker* et l'*Aéro Lloyd*, va s'ajouter une troisième, qui s'organise en Saxe, avec subvention du gouvernement. Les grandes villes rivalisent de zèle pour la création de camps pourvus des aménagements les plus modernes. On se préoccupe également du recrutement des pilotes. La création d'une école est envisagée et de grands efforts sont faits pour ramener au service aérien les anciens pilotes de guerre.

« Les Allemands se sont appliqués surtout à étendre leur contrôle sur la navigation aérienne des pays voisins ou ils ne sont plus entravés par les règlements de Versailles. Leur activité se manifeste dans les pays baltes par l'*Europa Union*, en Suède par l'*Aéro Transport*, au Danemark par le *Dansk Luft Transport*, en Russie par une ligne de transit Suède-Perse, qui a un monopole de trente ans, en Autriche par l'*Oosterriche Infwerker*, en Hongrie, en Suisse. Des appareils, des pilotes, un entraînement intensif : rien ne manque ».

Conclusion : l'Allemagne, pour s'organiser dans ce domaine, a eu contre elle toutes les difficultés possibles. Elles les a vaincues. Elle a pris « la première place ». Cela veut dire d'abord qu'elle a des organisateurs que nous n'avons pas. Cela veut dire ensuite que nous payerons très cher notre insuffisance ou notre suffisance.

blanca, (quotidien) - Casablanca, Rabat, Fez, Oran, (bi-hebdomadaire) - Marseille, Perpignan, (quot. sauf le lundi) - Oran, Alicante, (4 fois par semaine, postal seulement) - Paris, Londres, (quot.) - Paris, Bruxelles, Amsterdam, (quot. sauf le Dimanche) - Paris, Rotterdam, Amsterdam, (quot. sauf le dimanche). - Paris, Strasbourg, Prague, Varsovie, (quot. sauf le dimanche, suspendu du 15 novembre au 15 Février) - Prague, Vienne, Budapest, Belgrade, Constantinople, Angora, (quot. sauf le dimanche, suspendu du 15 novembre au 15 février) - Londres, Paris, Bâle, Zurich (trihebdom.) - Londres, Ostende, Bruxelles, Cologne, (quot.) - Asterdam, Rotterdam, Londres, (quot. sauf le dimanche) - Rotterdam, Amsterdam, Hambourg, Copenhague (quot. sauf le dimanche, suspendu du 15 novembre au 15 février) - Malmo, Copenhague, (quot.) - Copenhague, Hambourg, (à la demande) - Dantzig, Varsovie, (quot. sauf le dimanche) - Varsovie, Lwow Lembert (quot. sauf le dimanche) - Varsovie, Cracovie, (quot. sauf le dimanche) - Dantzig, Marienbourg, (quot.) - Koenigsberg, Memel, Riga, Reval, Helsinsfors, (quot. sauf le dimanche) - Helsingfors, Stockholm, (quot. sauf le dimanche) - Helsingfors, Leningrad (Pétrograd) (quot. sauf le dimanche) - Berlin, Waruemünde, Karlstrona, Stockholm, (quot.) - Berlin, Dresde, Nuremberg, (quot.) - Amsterdam, Rotterdam, Bruxelles, Strasbourg, Bâle, (quot. sauf le dimanche) - Londres, Asterdam, Hanovre, Berlin, (quot. sauf le dimanche) - Hambourg, Hanovre, (quot. sauf le dimanche) - Brême, Hanovre, (quat. sauf le dimanche) - Berlin, Koenigsberg, Kovno, Smolensk, Moscou, Nijni-Novgorod, (quot. sauf le dimanche) - Southampton, Guernesey, (quot.) - Lausanne, Genève, Lyon, (quot. sauf le dim.) (suspendu du 15 novembre au 15 février) - Genève, Zurich, (quot. sauf le dimanche) - Munich, Nuremberg, Francfort-sur-Main, (quot. sauf le dimanche) - Moscou, Kharkow, Rostaw, Batou, Tiflis, (hebdomaire suspendu du 15 novembre au 15 février) - Londres, Manchester, (quot.) New-York, Dayton, Chicago, Omaha, City, Cheyenne, Salt Lake, San-Fransisco, (quotidien).

Nos deux budgets réunis (guerre et commerce) ne devraient pas être inférieurs à 2 *milliards*.

Ils conditionnent rigoureusement notre défense d'une part, et notre expansion d'autre part.

Ici, il faut souligner un fait :

La France n'a plus de flottes de guerre. Elle acheva de les noyer en 1921, au détour de quelque Conférence. Elle peut à peine défendre ses côtes, et ni dans la Manche, ni dans la Méditerranée, ni a fortiori dans l'Atlantique ou l'Océan Indien, elle ne peut espérer une maîtrise quelconque. Elle risque ainsi l'étouffement, ses communications avec ses colonies étant soumises notamment au bon vouloir de l'Angleterre. Il y a là un péril immense, allègrement supporté par la Nation, qui ne l'aperçoit pas. Mais il existe, et pour y échapper en partie, il nous reste seulement les libres routes de l'air. Sachons les occuper et les commander.

Nous ne sommes pas les seuls évidemment à y songer !

Le général Von Hoeppner, qui commandait en chef les forces aériennes allemandes pendant la guerre, a écrit dans son livre : « *L'Allemagne et la Guerre de l'Air* », cette phrase qui exprime la volonté de ses compatriotes :

« Le jour où le peuple allemand enfin dégagé des brumes de la lutte des partis, se sera élevé jusqu'à la conception de l'unité nationale, ce jour là l'Aviation allemande ouvrira de nouveau ses ailes ».

Cela est fait. Nous le verrons plus loin.

Le fameux constructeur Junkers est à la tête du mouvement. Il rêve, et il l'avoue, l'entière maîtrise de l'air. Il a constitué à Munich une Société de Transports internationaux qui réunit « dans un but commercial » naturellement, 7 C⁰ de Transports aériens. Quatre sont ouvertement allemandes, une est suisse avec capitaux allemands, la sixième est autrichienne, la septième française on ne sait comment... et l'ensemble rigoureusement boche.

En face de ces organisateurs, où sont les nôtres ?

Sans doute de graves interdictions frappent les usines allemandes.

Interdiction : de monoplaces de plus de 60 chevaux ; d'avions blindés munis de mitrailleuses ; d'avions s'élevant à plus de 4.000 mètres et volant à une vitesse dépassant 200 km/h ; d'appareils transportant plus de 600 kilogs de charge utile.

De cela les Allemands n'ont cure ! Ils fabriquent chez eux ce qu'ils veulent en pièces détachées, le contrôle ayant été réduit à rien, et fabriquent chez les autres.

En effet, pour mieux éviter ce contrôle, obligatoire de par le traité, mais inexistant de par ceux qui ont à l'appliquer, on voit : *Junkers* et *Albatros* fabriquer en Russsie ; *Fokker* en Hollande ; *Dornier* en Suisse ; *Caspar* à Stockholm. (1) Etc...

Au moment voulu, rassemblement en terre allemande.....

L'Empire de l'air est à prendre. Sera-t-il anglais, allemand, ou français ?

La course est ouverte. Le gagnant sera roi.

---

(1) Autre preuve : « La Morning Post » a révélé avec documents à l'appui que l'Allemagne avait commandé en Hollande *1.000 Avions* de types puissants, livrables à Dantzig, sans préjudice, pour la seule année 1925 d'autres commandes faites ailleurs.

... Et nous ?

LE PROGRÈS DÉSARMÉ

Les Français sont de magnifiques créateurs, ou bien d'incomparables routiniers. Les premiers sont naturellement assez rares, et d'ailleurs généralement honnis. (1) Les seconds sont extrêmement nombreux. Ils constituent la fleur décolorée de nos administrations.

Dans les bureaux ils apprennent tout seuls l'inutilité cruelle des initiatives et la peur salutaire des responsabilités, toutes choses qui viennent agréablement renforcer l'hygiénique loi du moindre effort. Nul ne sait donc (et pour cause) qui a qualité pour décider.

Trois sortes de pontifes, grands amateurs de fromage, y exercent savamment l'art souverain de l'inertie. Ce sont :

1°. — Ceux qui, forts savants en leur spécialité, sont néanmoins inaptes, ce qui n'est point un défaut, à créer par eux-mêmes. Mis en face d'une importante nouveauté ils demeurent péniblement perplexes, mécontents et inquiets. Et, sans mauvaise intention, ils l'enterrent sans bruit. Vous ne les verrez guère s'esbaudir et approuver que devant de très petites améliorations des petites choses dont ils ont l'habitude. Ils en font alors une affaire énorme, se rengorgent, et demeurent émerveillés de leurs capacités à favoriser le progrès.

Ils ne reculent donc pas devant le bien, mais, par prudence et circonspection, ils font plutôt le mal.....

2°. — Ceux qui, non moins savants en leur spécialité, sont en outre capables de certaines petites inventions personnelles. Plus que les précédents, craignons-les. Tout ce qui est grand, et donc ne sort pas d'eux, les irrite et fait vibrer la corde si délicate des jalousies obscures. Ils se tiennent, en toute cause, pour juges et parties. Nous laissons deviner les résultats.

3°. — Ceux qui, toujours aussi savants en leur spécialité, sont par exception armés des dons de l'inventeur véritable.

Ils sont les meilleurs, car leur esprit est assez large pour embrasser leurs œuvres et même celles des autres, à moins qu'un funeste amour-propre ou on ne sait quelle rage de dénigrement ne les pousse au contraire aux pires négations.

Conclusion : Pas d'inventeurs parmi les examinateurs et les réceptionnaires.

---

(1) La liste est impressionnante des véritables inventeurs français, qui furent repoussés d'abord puis béatifiés plus tard — souvent trop tard, ou définitivement sacrifiés, ou encore copiés par les étrangers.

Je n'en veux nommer que 6 ou 7, entre mille, et parmi les plus grands :

Par exemple, B. FOURNEYRON déjà cité, inventeur en 1827 de la turbine hydraulique et de la conduite forcée ; Joseph NIEPEL, véritable créateur en 1822, avant Daguerre, de la photographie ; LENOIR, qui construit en 1863, vingt ans avant DAIMLER, la première automobile avec moteur à explosion, et le premier canot automobile ; FOREST, créateur en 1889, dix ans avant Daimler, du moteur à 4 cylindres à soupapes commandées, avec allumage par magnéto et chauffage préalable de l'air par gaz d'échappement ; MOUILLARD inventeur en 1890, dix ans avant Lilienthal, du planeur et du vol plané humain et du gauchissement de l'aile ; TURPIN, que j'eus l'honneur de recevoir en 1916, créateur de la mélinite. Je ne parle point d'ADER, père de l'Aviation ; découvert in-extrémis... Et en 1909, GABET, dont la première torpille commandée par T. S. F. fut dédaigneusement rejetée... Etc....

Au cours de plusieurs années de cheminement le long des tranchées administratives, et cependant que la bataille grondait non loin de Paris et semblait devoir galvaniser toutes les bonnes volontés, intelligences et énergies, nous avons rencontré de nombreux spécimens de ces trois types essentiels.

Certains pourtant cédaient aux lois de la guerre, s'arrachaient á leur tempérament, montraient enfin le noble et réel désir de comprendre et d'agir. Beaucoup d'autres, derrière leur encrier, guettaient les mouches, et chassaient ces soucis.

L'un des premiers que nous rencontrâmes, en fin d'annnée 1915, à l'une des nombreuses conférences tenues au siège de la Ligue, était un jeune professeur, fort versé dans les choses de l'Aéronautique, zélé sans doute et savant, dont la guerre avait fait un officier, et dont un Ministre démuni avait fait son délégué technique.

Ce délégué, en toute bonne foi et simplicité, blâmait notre conception relative aux escadres de bombardement, attendu, disait-il, que les bombes employées étaient extrêmement peu efficaces. En effet, on était encore à utiliser des obus ordinaires á rayon destructif peu pénétrant et peu étendu. Et notre homme en concluait que des tentatives de bombardement ne conduiraient à peu près à rien. Son imagination n'allait pas jusqu'à prévoir que, le besoin créant l'organe, on créerait des bombes spéciales capables bientôt de mettre en miettes son propre rond-de-cuir, son incrédulité et sa personne, du même coup.

Faible exemple, bien modéré, d'un curieux et dangereux état d'esprit, ou d'insuffisance d'esprit, chez ceux qui ont la haute charge de soulever s'il le faut des montagnes, mais dont la paresseuse indifférence est surtout bonne à alimenter des rivières de sang.

Ces caractères sont, hélas! de tous les milieux et de tous les temps. Mais en temps de guerre surtout et quand ils s'exercent aux foyers mêmes de la Défense nationale, ils sont intolérables. Leur impunité est pour la Nation une cause de grave insécurité.

*
* *

Certes! plusieurs bons éléments rencontrés consolent des mauvais, et par exemple on peut rendre hommage aux grands mérites du Directeur général de la *Section Technique de l'Aéronautique*, et aussi du Directeur de l'*Office National des inventions*.

Mais M. Fortant dispose certainement de moyens trop réduits et de rouages trop lents (1) et M. le Sénateur J. L. Breton, auquel d'ailleurs on doit beaucoup, paraît atteint de réelle indigence. Deux millions, sauf erreur, lui sont alloués. Reconnaissons ici l'incurable « misère de nos Laboratoires »,

Inutile de dire qu'il en va tout autrement ailleurs.

L'Angleterre travaille dur comme elle sait le faire pour « gagner » au lieu de perdre. Elle a son ministre de l'air, et tout dernièrement à l'inauguration du nouveau Club de « l'Aéroplane léger » sir Philip Sassoon s'écriait : « L'idéal de l'Angleterre est

---

(1) Je connais par exemple tel dossier important qui mit un an pour faire le circuit des 3 ou 4 Bureaux compétents; c'était pourtant un second voyage. Cela ne s'appelle plus voyager en avion, mais en brouette.

de devenir une Nation d'Aviateurs ». Après la mer, le ciel. Tel est le sentiment clairvoyant et fort d'une grande nation qui ne veut pas renoncer à sa grandeur.

L'Italie aussi grandit chaque jour, rapidement. Elle a créé en Août 1925 son Ministère de l'Air. Elle en a fait un grand ministère, et c'est Mussolini lui-même, dictateur qui veille au salut de sa race, qui en a pris les clefs.

La cahotique *Russie* des Soviets s'active elle aussi, et mieux qu'on ne pense. En 1925 (Annuaire de l'Aviation Universelle, chez Sampson Low) elle acquiert 1330 aéroplanes, dont 500 construits en Russie même, 330 par Fokker en Hollande et 500 par des maisons italiennes. Sans compter les autres. Son association « Les Amis de la Flotte Aérienne de l'Armée Rouge » comprend 963.000 membres avoués, dont les cotisations ont payé 100 avions. La *Turquie* se confie surtout aux constructeurs allemands. La pauvre *Allemagne*, elle, couvre d'or et multiplie ses Instituts Scientifiques, groupés, entre l'Etat-Major et les Constructeurs, en fortes sociétés d'Etudes dont la plus importante serait la « Wissenchaftliche Gesellchaft für Lufthfahrt », s'il est permis de s'exprimer ainsi. Les *Etats-Unis* fort épris de désarmement mais qui ont déjà leur Ministère de l'Air eux aussi font des pas de géant. Un exemple sur eux entre cent :

Ils viennent de créer un curieux engin, qui dépasse de loin tous les similaires, le navire porte-Avions « Saragota » lancé à Camden (New-Jersey) le 7 Avril 1925. Le « Saragota » à lui seul est une *base d'aviation* véritable, qui peut se déplacer à 34 nœuds, soit 53 kilomètres à l'heure. Son pont-plate-forme supérieur est dépourvu d'obstacles pour permettre l'atterrissage des avions. Il a 271 mètres de long avec une largeur maximum de 32 mètres. Il doit porter 72 appareils aériens, dont 32 sont armés des plus grosses bombes en usage, lesquelles détruisent tout cuirassé, même quand elles ne font que tomber dans son voisinage immédiat.

Toute la presse Américaine l'a applaudi, les meilleurs spécialistes plus fort que les autres. Le « Bridgeton Evening News » exprime l'opinion que les décisions militaires sur mer appartiendront à l'aviation et non aux cuirassés. Le « Herald Tribune » de New-York salue dans le « Saragota » l'entrée en scène de de la nouvelle marine. Le « Brooklyn Eagle » insiste sur ce que le « Saragota » n'est plus un cuirassé, mais qu'il est plus puissant que plusieurs cuirassés. Le « Bulletin de Philadelphie » le décrit comme le plus formidable engin qui ait jamais été mis à la mer.

Presque au même moment un grand Hydravion piloté par C. H. Schildaner touchait l'impressionnant record de 28 heures 35 minutes de vol sans escale.

**

Je ne saurais prendre parti dans l'obscure controverse qui divise partisans et adversaires des cuirassés. Je les crois utiles, mais je ne crois pas que le plus beau cuirassé de 400 millions puisse soutenir le combat, soit contre 5 ou 6 Hydravions-Torpilleurs R. Desmons 1925, soit contre 2 ou 3 Super-sous-marins système Foenquinos.

Le progrès voudrait, par conséquent, que ces 2 redoutables engins de l'air et de l'eau soient aussitôt mis en service.

Mais le Progrès, chez nous, ne se satisfait pas par la réalisation des nouveautés les mieux conçues; il se contente de la multiplication des prébendés. Ainsi, un million 32 mille fonctionnaires civils rongent notre budget. La moitié d'entre eux est inutile.

Les anglais, plus nombreux et exigeants que nous, se contentent de 300.000 fonctionnaires. On ne fera croire à aucune personne de bon sens que notre bonheur exige trois fois plus de fonnctionnaires qu'eux.

Sur les miettes de leur table sagement raccourcie, un *Office National des Inventions* devenu digne de ce nom, devrait toucher 100 millions par an. M. le Sénateur BRETON ne me contredira pas, M. le Directeur FORTANT non plus.

Les deux organisations qu'ils dirigent sont, pour l'instant, notoirement insuffisantes.

Dans le cadre de l'Aéronautique, la *Section Technique* devrait jouer un rôle créateur considérable. Dans le cadre beaucoup plus large de la Science générale appliquée, *l'Office des Inventions* devrait pouvoir utiliser et assurer la suprématie certaine de l'esprit français.

* *

J'ai constaté pendant les premières années de guerre cette extravagance, entre bien d'autres : l'Aviation, qu'il fallait pousser à tout prix, trébuchait et tâtonnait, courant après des perfectionnements urgents. A St-Cyr nous possédions un Laboratoire Aérotechnique fort bien outillé. Il était le seul. Qu'en fit-on? On l'abandonna.... et j'allais parfois essuyer les larmes de rouille qui ruisselaient sur toutes ses dynamos.

Il fallut qu'Eiffel intervint, et créat son Laboratoire, qui rendit à tous d'éminents services.

Qui était le responsable? Tout le monde, et surtout personne comme toujours.

La mentalité allemande est autre. Ecoutons par exemple notre savant Georges-Claude, créateur de l'Air liquide, hier méconnu, aujourd'hui si justement triomphant. Il a raconté dans le « Matin », et il n'y a pas de meilleur juge en la matière, ce qui suit :

« Coupée du monde par le blocus, sans poudre, sans explosifs, l'Allemagne
« semblait perdue. Alors, mobilisant toutes les resoources de la science, les chimistes
« d'Outre-Rhin, en un puissant effort réussirent à fournir tout l'azote nécessaire à la
« *Fabrication des Explosifs*. Et leur triomphe, fut, sur une échelle géante, l'emploi
« de cette synthèse de l'*Ammoniaque*, de ce fameux procédé Haber qui, vainquant les
« difficultés combinées de la température rouge et de pressions de 200 atmosphères,
« unit l'azote à l'hydrogène ».

Et l'Allemagne se souvient de ce qu'elle doit aux chimistes allemands ! Nous, que ne leur devrons nous pas, demain?

La Science aussi est une lutte de vitesse. Ceux qui demeureront en arrière seront mortellement atteints, dans leur existence ou dans leur prospérité.

L'organisation du Progrès sous toutes ses formes concrètes n'est-elle pas pourtant une des plus grandes œuvres qui puisse tenter les vrais réalistes, qui sont à coup sûr les plus capables d'enrichir leur Patrie, et puis l'Humanité?

La France, pour créer, est armée des meilleurs cerveaux. Mais elle est désarmée par le plus stupide esprit d'économie mal placée, de défiance, et de dénigrement. (1)

SOLUTION PROVISOIRE

En attendant qu'on puisse faire mieux, voici une suggestion peut-être utile, à l'adresse de l'Office des Inventions et de nos gouvernants :

Quand cet Office a étudié et approuvé un engin nouveau, il devrait être expressément autorisé et même obligatoirement chargé de remettre à l'auteur, sous forme de Rapport, un certificat détaillé reconnaissant et attestant l'utilité et la viabilité de son œuvre.

Pourquoi? Pour permettre à l'inventeur (qui ne peut être que si rarement et maigrement subventionné!) de réaliser sa découverte en donnant aux financiers utiles une forte garantie.

Certains répondent : Mais l'Etat ne peut avoir l'air de lancer ou de patronner « une affaire »

Je me permets de demander : Quelle est cette sottise, ou cette hypocrisie?

Si l'Etat est est trop pauvre ou trop malhabile pour subventionner utilement le progrès, et donner aux découvertes d'intérêt général, l'essor immédiat qu'elles méritent, il n'a pas du moins le droit de les paralyser en jouant au sourd-muet. Il a au contraire le devoir strict de pousser lui-même à leur réalisation en donnant tout son appui moral pour déterminer le Crédit à s'ouvrir.

Une « affaire » qui marque un progrès dans l'ordre de la Défense nationale, est une affaire à laquelle l'Etat le premier doit un concours direct, actif et étendu.

Cela étant, on peut ajouter que les Bureaux techniques de l'*Aéronautique*, de la *Guerre* et de la *Marine*, quand ils sont saisis directement d'une œuvre intéressante qu'ils ne peuvent subventionner eux-mêmes, devraient avoir l'obligation d'adresser les dossiers (dans un délai fixé, et avec un rapport motivé) à l'Office des Inventions afin que celui-ci établisse et délivre aussitôt les certificats utiles.

Dès lors on n'assisterait plus que rarement peut-être aux échecs lamentables d'œuvres excellentes, mortes avant que de naître, faute d'argent.

*
* *

Cette critique et ce vœu vont bien au delà des sujets spéciaux ici traités; ils s'appliquent à tous les domaines de la Science.

... Je sais tel laboratoire de la Sorbonne où fut mise au point, cette année, une découverte précieuse. Elle réalise la protection absolue et non relative par des moyens.

---

(1) Le Professeur Charles Richet a baptisé c'est état d'esprit d'un mot net et excellent : *la néophobie*, c'est-à-dire la crainte des choses nouvelles quelles qu'elles soient ! Et Barrès a magnifiquement écrit dans le même sens ce grand livre : *Pour la haute intelligence française.*

et des éléments simples des manipulateurs des Rayons X, ainsi que la protection des malades. La nocivité cruelle de ces rayons par ailleurs si bienfaisants, est donc supprimée en fait. C'est une grande chose, dans l'ordre scientifique et social.

Cette découverte va-t-elle être industriellement exploitée, et donc partout répandue, dans toutes les salles de radiographie et de radioscopie? Non pas. L'auteur est un savant, qui ne sait pas se faire écouter par l'Argent. Or, il n'y a ni Ministère, ni Institut, ni Faculté, capable de s'en occuper pratiquement. Il n'y a rien, ni personne. C'est trop peu. Il faut donc espérer vaguement d'improbables mécènes...

Les législateurs qui ne songent pas à combler ces funestes erreurs, et à organiser le Progrès, manquent à leur devoir.

LE MINISTÈRE
DE L'AIR

La constitution d'un grand ministère (qui serait le Ministère de l'air) peut donner la clef de la puissance aérienne de la France. Hors de ce point de départ indispensable, il n'est pas de grande entreprise possible, soit en Aviation militaire, soit en Aviation commerciale.

La dispersion actuelle des divers Services de l'Aéronautique entre trois ministères, sous l'égide d'un Sous-Secrétariat aux pouvoirs insuffisants et par conséquent aux responsabilités incertaines, doit être abolie. Elle crée des confusions pénibles au Bourget, à Berre, à Istres, à Marignane et ailleurs. Elle est funeste à l'établissement comme à l'exécution d'un Plan général de construction et d'action d'où sortiraient les flottes d'Avions et d'Hydravions de Guerre que, dans le trouble extrême de l'Europe, notre sécurité exige.

Notre Aéronautique est comme un grand corps sans tête.

En effet, faute de coordination sous une seule autorité, on constate notamment que :

1° — Le Progrès rationnel, continu, dans des voies déterminées, n'est pas assuré avec la méthode et la vigueur utiles, les Bureaux d'études, d'ailleurs étroits, n'étant pas mis en face avec assez de précision des problèmes à résoudre. L'incertitude de nos créateurs vient de l'incertitude de tacticiens dispersés.

2° — La fabrication est, de même, mal assurée, les types utiles demeurant indéterminés. On construit, comme on améliore au jour le jour. Chaque constructeur va où il peut, à travers mille peines, chacun léchant son ours. Les résultats, malgré de rares mérites mis en action, sont fatalement hétéroclites. Notre contingent aérien reste une force cahotique.

3° — Ce demi-désordre a donc pour base l'absence d'une « tactique aérienne » qui, si elle existait, engendrerait nécessairement l'homogénéité des escadres aériennes. Quand on voit clairement les buts, on obtient peu à peu les moyens propres à les atteindre.

4° — Le recrutement des aviateurs sera rendu infiniment plus aisé le jour où nos jeunes hommes connaîtront précisément ces buts, et pourront y mesurer leurs aptitudes.

*
* *

Reprenant sur ce sujet mes arguments déjà émis en 1915, j'adressai, à propos d'un incident relatif au Sous-Secrétariat, la lettre suivante en Décembre 1918, à M. CLEMENCEAU, Président du Conseil, Ministre de la Guerre :

Monsieur le Président,

Je vous demande la permission de vous soumettre les considérations suivantes :

Un des plus grands problèmes de paix qui se présente à vous est l'organisation de l'empire des airs bientôt rival en plusieurs points de l'empire des mers.

Il est probable que des questions plus immédiates vous sollicitent et vous absorbent en ce moment. Il faut le regretter, car il serait désirable que vous puissiez tout voir par vous même. Mais, dans de telles conditions, n'est-il pas indispensable qu'un organisme d'État soit créé et armé des pouvoirs nécessaires pour préparer, sous votre autorité, les solutions qui conviennent à un nouvel ordre de choses ?

Jadis, Thiers a tout d'abord souri et nié quand se posa devant lui la question des Chemins de Fer. Cette incompréhension première le diminue à nos yeux. Pour la satisfaction des clémencistes d'aujourd'hui et de demain il n'est pas souhaitable que les historiens puissent raconter à nos fils que votre Gouvernement a un instant tourné le dos à l'irrésistible essor de l'Aéronautique, qui transformera d'ici peu les conceptions économiques et militaires des nations.

Or que se passe-t-il ?

Le Sous-Secrétariat de l'Aéronautique, déjà tenu plus ou moins en tutelle par d'autres Ministères, est en voie de disparition. L'apparence d'unité et de cohésion pouvant permettre à cet organisme ébranché (mais qui avait pourtant un corps) de concevoir et de réaliser, n'existerait donc même plus ? Ce corps tiré à plusieurs chevaux verrait donc ses membres distribués à la Guerre, à l'Intérieur, à la Marine, aux Finances, aux Colonies, aux Travaux Publics... ? Si cela était, je défierai quiconque de s'y retrouver. Cette dispersion serait funeste, et la création d'une simple Direction au Ministère de la Guerre ne pourrait que la favoriser.

Je vois là un tel péril que je me fais un devoir de vous signaler en m'appuyant sur mes quatre années d'étude de ces questions spéciales.

C'est donc la besogne contraire que le bon sens indique.

C'est pourquoi, Monsieur le Président, je vous demande d'envisager la formation d'un grand Ministère, qui sera le Ministère de l'Air dont on a beaucoup parlé sans savoir ou sans oser le réaliser.

Cette création comptera pourtant dans l'histoire de l'évolution de ce pays. Tôt ou tard elle s'imposera envers et contre tous.

Quatre ou cinq Ministères avec la multitude de leurs bureaux annexes, plus ou moins rivaux, revêches, irresponsables, inertes, ne peuvent pas effectivement contribuer à la réussite de cette grande œuvre en partie double : l'Aviation civile, l'Aviation militaire.

Il ne faut là qu'un chef, avec des pouvoirs et des crédits considérables.

Alors, si ce chef est digne de sa fonction (et M. Dumesnil semble pouvoir être celui-là), il saura établir d'accord avec nos Alliés les lois fondamentales des Messageries Aériennes, qui mettront les premières en communication rapide et directe : Paris, New-York, San-Francisco, Berlin, Pétrograd, Pékin, Calcutta, Le Caire, Kharthoum, Le Cap, etc... etc...

Sinon, nous ne créerons que des entreprises timides et bancales, comme précédemment, à travers des tâtonnements sans fin, des erreurs coûteuses, voire même les aigres disputes électorales.

L'industrie étrangère en bénéficiera immédiatement, car nous serons à sa remorque au lieu d'être à sa tête. L'Angleterre s'organise puissamment, et nous dépasse. Et je crois même que par un moyen ou par un autre l'Industrie boche (malgré qu'on veuille, sur le papier, lui interdire en ces matières toute initiative) saura y trouver son compte.

La France peut et doit montrer le chemin des airs à ses Alliés, car elle les domine tous par son incomparable position géographique.

Elle n'a jamais su en profiter. Elle n'a pas pu devenir, à cause de la médiocrité de ses conceptions administratives et politiques, le carrefour des grandes routes maritimes de l'univers. Mais elle doit maintenant devenir le rond-point des grandes voies aériennes qui vont unir les capitales.

Vous avez été, Monsieur le Président du Conseil, un des vingt-trois Fondateurs de la Ligue Aérienne Française dans le Manifeste de laquelle, dès Octobre 1915, j'émettais quelques faciles prophéties que l'avenir ne démentit pas. Vous aviez foi dans l'aviation qui était alors peu de chose. Vous en attendiez justement de grands effets. Vous en avez provoqué déjà plusieurs.

Cela me permet d'espérer que vous m'entendrez encore (moi et d'autres), car votre sentiment doit être d'ailleurs le même qu'hier, en face des décisions à prendre pour assurer ou pour compromettre pendant un long avenir le succès profitable des initiatives françaises en matière de transports aériens.

Rien ne se fera de durable et de grand dans ce sens si l'ordre et la continuité ne règnent point par le fait d'une direction unique, maîtresse et responsable.

Je vous prie de vouloir bien agréer... etc...

* *

La situation est aujourd'hui la même. Le Sous-Secrétariat ne fut pas supprimé, mais au cours de sa longue bataille d'après guerre avec nos Alliés, M. Clemenceau ne put faire aboutir l'organisation demandée. Elle serait maintenant beaucoup plus aisée. Dans la France, redevenue à peu près maîtresse d'elle-même, quel homme d'Etat l'entreprendra ?

Le Ministère de l'Air est une nécessité de ce temps et dans l'ordre rationnel des choses. Des hommes qualifiés : M. Flandin, M. Girod, M. Brocard, et plus encore M. Eynac, sans doute, sont certainement de cet avis.

* *

Sans effort d'imagination, il est permis de concevoir que ce Ministère pourrait comporter les organismes suivants (à créer ou à développer), étagés dans leur ordre logique :

1° - Un Institut d'Aviation

C'est-à-dire un Centre *d'Etudes, d'Essais,* et *d'Expériences,* donc 3 Organes liés ensemble sous une Direction effectivement responsable, et donnant aux novateurs les plus larges garanties.

Un appareil, conçu ou accepté par l'Institut, trouverait rassemblés là pour une exécution rapide et directe tous les éléments utiles, depuis le dessinateur jusqu'au pilote, avec bureaucratie réduite. (1)

Cet Institut constituerait le foyer du Progrès en matière d'Aviation, et par conséquent il est bien le point de départ de l'ensemble. Sa place n'est pas indiquée auprès de Paris, mais plutôt hors de l'atteinte des adversaires possibles, en cas de guerre.

2° - Une Ecole d'Aviation

A proximité de l'Institut qui crée les modèles des appareils, l'Ecole de ceux qui les emploieront : pilotes et mécaniciens d'avions et d'hydravions. Les exigences du temps veulent qu'une 4me Ecole vienne ainsi se joindre à Polytechnique, Saint-Cyr et Navale. Les postulants y gagneront d'y voir plus clair, et par conséquent de mieux aimer leur effort, et de le mieux réussir.

Le Capitaine Fonck président de l'exellente institution qu'est *La Ligue Aéronautique de France,* demande avec raison qu'on ne douche pas les jeunes enthousiasmes, et qu'on donne à tous ceux que l'avion intéresse les moyens de « voler » très souvent.

---

(1) Il n'est par exemple en aucune façon nécessaire qu'un mémoire, comme cela se voit actuellement, soit obligatoirement tapé à la machine en... 32 exemplaires, destinés à 32 tiroirs.

Les raids audacieux et savants, les belles manifestations sportives, sont choses précieuses, mais insuffisantes, et parfois trompeuses.

L'entrainement technique et pratique des ensembles doit être effectivement organisé.

3° - Un Arsenal

La création d'un Arsenal fut demandée par la Ligue pendant la guerre. Il y faut revenir. Mais pendant la guerre, on improvisait. Les constructions changeaient suivant les variables exigeances du Front. Cela obligeait les constructeurs (plus ou moins bien outillés et guidés). à de longs et onéreux tatonnements, et leur interdisait à peu près la fabrication en série, c'est-à-dire : l'accumulation judicieuse des matières premières, le recrutement et le perfectionnement de la main-d'œuvre, les livraisons régulières et nombreuses des modèles utiles.

Aujourd'hui on doit pouvoir faire mieux.

Sans déposséder en rien les constructeurs actuels dont les sacrifices doivent être reconnus et qui ont souvent bien mérité de la Patrie, on les spécialiseraient utilement peut-être dans des fabrications déterminées.

L'Arsenal en question (mieux placé en Provence par exemple qu'en Seine-et-Oise),... constituerait le Centre de fabrication des pièces les plus délicates, et surtout le centre de réserve de toutes les pièces de rechange, et en général aussi de tous les engins relatifs à l'armement. La Maison-mère de l'Aéronautique doit être, semble-t-il, un Arsenal puissant, capable, sans improviser, de faire face, avec son outillage et son personnel, à toutes les nécessités de la guerre, sous une Direction responsable.

Notre Etat-Major aurait le plus grand intérêt à connaître les « capacités de débit », si l'on peut dire, d'un tel organisme.

4° - Le Commandement

Les forces aériennes étant en état d'être construites et d'être conduites, il y a lieu d'être en état de les commander.

Sous l'autorité du *Ministre*, on ne saurait ici prévoir que *deux chefs* suprêmes :

Le Commandant des Escadres d'Avions.

Le Commandant des Escadres d'Hydravions.

En temps de paix, le premier est le collaborateur constant du *Généralissime*, et règle et détermine avec lui les capacités de ses contingents; en temps de guerre, il prend ses ordres. Dans ses conditions, un généralissime sait à qui parler, sait ce qu'il a dans la main, et connaît d'avance l'usage qu'il en peut faire.

Il en est de même du Commandant des Hydravions vis-à-vis de l'*Amiralissime*.

Les deux Commandants responsables savent donc clairement eux aussi, et chacun dans sa sphère, ou est leur personnel, s'il y a une école de pilotes et de mécaniciens constituant un réservoir; ce que peut rendre le matériel, s'il y a un Arsenal producteur et servant de régulateur; enfin ce qu'on attend d'eux à l'heure de l'action.

Dans ces conditions, on peut espérer qu'une armée aérienne serait conçue, construite, et manœuvrée, avec le minimum de tâtonnements et de dispersion, et donc le maximum de précision et de force.

---

(1) La concentration des services n'est pas encore réalisée aujourd'hui. Par défaut, sans doute, d'un immeuble suffisant les Bureaux de l'Aéronautique restent facheusement dispersés, ce qui ne facilite la besogne de personne. Et par exemple, ou est situé le sous-secrétariat? Où siège et d'où gouverne M. Eynac? Si, pour le savoir, vous ouvrez l'annuaire 1924 des téléphones, vous n'en saurez rien. Le sous-secrétariat en est absent. C'est trop de modestie.

UNE ARMÉE AÉRIENNE

Le schéma d'organisation qui précède est un de ceux qui permettent la constitution d'une Armée de l'Air représentant une force (subordonnée directement au généralissime et à l'amiralissime, c'est entendu), mais autonome, comme l'armée de terre, comme l'armée de mer.

Elle doit donc avoir son ministre, encadré de deux chefs militaires avec leurs états-major.

La loi qui la constituera enfin marquera une date importante de l'histoire militaire de la France (1).

***

On peut l'envisager composée de 4 éléments essentiels (ou 4 types d'appareils) faits pour répondre aux obligations tactiques de la guerre aérienne que nous pensons être de 4 ordres différents.

A ma connaissance, les 4 types actuellement les plus parfaits, c'est-à-dire les plus capables d'atteindre les buts pour lesquels ils ont été spécialement conçus, se trouvent décrits dans le présent ouvrage, ce sont :

Pour l'action au-dessus de la mer
> *L'Hydravion-Torpilleur*
> (formant une escadre de 1000 appareils)

Pour l'action au-dessus de la terre
> *L'Avion de Bataille*
> *L'Avion de Bombardement*
> *L'Avion-Cuirassé*
> (formant 3 escadres de chacune 1000 appareils).

Ces 4 types offrent tout au moins certaines particularités remarquables.

Presque tous sont des doubles-coques. Cette conception, qui est certainement celle de l'avenir, est faite pour accroître leur stabilité dans l'air ou sur l'eau, et pour accroître aussi leurs diverses capacités de combat : tir dans tous les sens, manœuvre des bombes, des mitrailleuses, de la torpille... etc...

Tous inaugurent des systèmes d'ailes (ailes-coques) et de fuselage, d'une fabrication simplifiée et supérieure.

Tous inaugurent aussi un système (coupleur-d'hélices) qui augmente la vitesse en haute altitude, et surtout assure la sécurité en permettant le vol régulier avec un seul moteur sur deux ou plusieurs.

---

(1) Si dans les chiffres ci-dessous prévus, un contingent devait être augmenté ce serait d'abord celui des Avions de Bataille.

Tous, dans l'ensemble et les détails, sont « usinables », c'est-à-dire aisés à construire en série.

Tous sont particulièrement rapides (sauf, à dessein, l'Avion-Cuirassé) maniables et puissants.

Souhaitons qu'on puisse nous démontrer, *contradictoirement*, qu'il y a mieux.

L'ESCADRE DES HYDRAVIONS

1000 APPAREILS

Les Performances du modèle-type (Hydravion-Torpilleur R. Desmons 1925) ont été précisées plus haut.

Elles montrent que les capacités de combat et de transport le rendent éminemment propre, soit à la chasse si on l'allège de sa torpille, soit au torpillage et au bombardement (1).

Elles indiquent donc qu'on peut concevoir avec lui la maîtrise de l'air et de la mer dans un très vaste rayon hors de nos côtes, et par exemple : la soudure constante entre Provence et Algérie, comme la supériorité dans la Manche et dans la mer du Nord, ou l'action directe contre les navires réfugiés dans certains ports.

L'attaque d'un cuirassé par deux ou trois hydravions de cette sorte sera infiniment plus prompte et plus dangereuse que par deux ou trois torpilleurs ordinaires; de même, une flotte cuirassée en ligne de marche ou de bataille sera aisément mise en péril par une flotte d'Hydravions que les obus les mieux pointés ne peuvent atteindre, on le sait, que par grand hasard. Et cela, une fois de plus au cours d'expériences que nous semblons incapables de tenter, les Américains (général Mitchell et amiral Sims) viennent de le démontrer dans la rade de Fort-Monroe.

Une Escadre, portée à 1000 Appareils homogènes, se diviserait utilement en 4 corps, et par exemple suivant les proportions ci-dessous.

Le Corps de la Méditerranée (600 appareils) avec bases principales en Provence, en Corse, en Algérie et en Tunisie et placé sous le commandement d'*un* chef de corps, et dépendant du Commandant en chef déjà indiqué.

Le Corps de la Manche (200 appareils) dans les mêmes conditions de commandement.

Le Corps de l'Atlantique (100 Appareils) dans les mêmes conditons de commandement.

Le Corps Colonial (100 Appareils) dans les mêmes conditions de commandement.

Le Chef suprême du Front de mer, et ses 4 principaux adjoints connaissent dès lors à fond leurs champs de manœuvre et leurs capacités d'action, et peuvent préparer l'avenir.

LES ESCADRES D'AVIONS

Sont prévues ici 3 Escadres (en trois types d'appareils répondant à trois buts militaires différents) chaque escadre sous le commandement d'*un* chef d'Escadre, dépendant du Commandant en chef d'Aviation indiqué plus haut.

---

(1) Les actuels appareils monocoque à flotteurs ne sauraient être longtemps maintenus.

Escadre des Avions de Bataille

1000 Appareils

Un but militaire essentiel est évidemment la destruction de l'adversaire, et le nettoyage du ciel.

Pour cela, l'Avion de bataille s'oppose, pour les dominer, aux Avions de chasse connus.

Les performances indiquées plus haut montrent sa supériorité possible. Ce « roi de l'air » peut être effectivement le maître du ciel, c'est-à-dire laisser l'ennemi sans regard.

Le Chef de ces Escadres garde ses forces en mains mais les distribue au gré du généralissime pour la protection des troupes, la préparation des offensives, etc., etc...

Escadre des Avions de Bombardement

1000 Appareils

Un autre but essentiel, et celui que la Ligue a défendu pendant trois ans sans se lasser, est de porter la guerre chez l'ennemi, de frapper ses arsenaux, ses villes, ses gares, ses ports, ses centres vitaux, le jour et la nuit.

Si l'Avion de Bataille fait la guerre surtout sur le Front, l'Avion de Bombardement la porte bien au-delà du Front, en territoire ennemi.

Il doit agir par masses.

Le chef de cette Escadre dirige par conséquent lui-même les contingents, et les manœuvre seul.

Plutôt que des escadrilles de 5 ou 10 appareils, il y a lieu de prévoir ici des formations de 50 ou 100 Avions. On compte maintenant les explosifs non plus par kilos mais par tonnes..... Les foudroyants effets d'un bombardement aérien par masses ne sont plus à décrire. (1)

Le modèle-type décrit plus haut, et qu'on pourrait appeler Metz-Berlin, rapide, bien armé, à grand rayon et à forte capacité de transport, répond admirablement à ce que réclament ces actions de grande envergure, et qui peuvent être si décisives dans le temps le plus court.

Escadre des Avions Cuirassés

1000 Appareils

Voici sans doute un nouveau maître de la guerre. Après le tank de terre, il fallait le tank de l'air.

Le modèle type présenté ici est celui-là

---

(1) En ce moment, nous avons le droit et le devoir d'examiner ce qui se passe au Maroc.

M. le colonel Girod, député-aviateur, et président de la commission de l'Armée, a utilement indiqué que pendant les mois de Juin, Juillet et Août 1925, l'armée du Maroc a effectué 4.000 missions de guerre et 2.000 bombardements; elle a transporté 600 blessés. Oui, elle a été partout à la fois. Elle a combattu, ravitaillé et renseigné. Sans elle tous les ravins du Riff eussent été des traquenards sanglants.

Ces grandes actions furent accomplies avec des instruments d'ailleurs insuffisants. On sait par exemple que dans le courant de septembre 1925 seulement, la localité d'Adjir, servant de capitale et de quartier général au chef riffain Ab-del-Krim, fut pour la première fois bombardée par une vingtaine d'Avions (de chasse, sans doute) à l'aide de « bombes de 10 kilos » Or, ces bombes sont inefficaces contre les moindres murailles ou retranchements. Il va sans dire que ce n'est nullement ainsi qu'il faut concevoir les bombardements aériens. Quelques temps après intervinrent enfin ailleurs quelques rares « Goliath » porteurs de bombes plus sérieuses. Ceci démontre que, malgré les leçons de la grande guerre, malgré les nécessités de nos deux guerres coloniales actuelles, malgré les menaces de guerres continentales futures, notre Aviation de bombardement reste en fait à créer.

Il n'est pas l'Avion plus ou moins blindé en telle ou telle partie dont on a tenté, ici ou là, certaines applications non pas inutiles mais à peu près dérisoires; il est l'engin nouveau et formidable qui correspond à une forme nouvelle de combat préconisée pour la première fois par nous dès 1916.

A l'heure où nos hommes tombent dans le Riff il faut protester contre sa non application. Il produirait là-bas des effets que nul autre engin ne peut atteindre.

Il répond d'abord à un but militaire devenu essentiel : l'observation et le réglage, et il y répond mieux qu'aucun autre parce que, seul, étant à peu près invulnérable, il peut voler lentement, et voler très bas, donc voir parfaitement.

Il répond en outre à une tactique nouvelle que nous défendrons encore inlassablement, et qui est l'attaque, presque à bout portant, par le canon, la mitrailleuse, la grenade ou la bombe, des troupes de l'avant ou de l'arrière, en marche ou au repos; des tranchées; des convois et dépôts; des trains, des gares, des ponts; de tous les rassemblements d'hommes et de matériel.

Il peut interdire ces rassemblements, rompre les troupes allant à l'assaut, paralyser une poursuite, créer ou accentuer la panique, donner enfin à tout instant à l'ennemi l'insupportable sentiment de l'insécurité permanente.

Son rôle sera demain un des plus décisifs, et vraiment dominateur aux Colonies.

Le chef de cette Escadre en disposera utilement sans doute de deux façons : d'abord en plaçant des groupes à la disposition des chefs de corps pour assurer l'observation, la protection, et aussi des offensives partielles; ensuite en gardant les autres groupes en mains pour des offensives distinctes et plus larges.

... L'Avion-Cuirassé R. DESMONS 1925, et ce que nous avons appelé le « Tank supérieur » système FORNQUINOS représentent sans doute les deux plus formidables engins nés de la dernière guerre, et bons pour la prochaine.

Leur action conjuguée créerait au Maroc une situation profondément différente. Et il en serait besoin.

*
* *

Qu'un jour — qui peut bientôt venir — l'Islam s'enflamme tout entier, ou bien que le tocsin annonçant l'éternel agresseur de l'Est réveille à nouveau nos villes et nos campagnes, ce jour là nous voulons que nos jeunes hommes lancés dans la fournaise puissent répondre surtout à coups de machines, et non surtout à coups de poitrine. (1)

Qu'est-ce que démontre actuellement la guerre du Maroc, et aussi la guerre de Syrie où nos Aviateurs seuls empêchèrent de succomber les défenseurs de Soueïda?

Elle démontre que, (si des *Avions de bombardement* sont nécessaires) sans *Avions-cuirassés* pour le tir et l'observation rapprochés, munis eux aussi de 2 moteurs ou plus, avec coupleurs d'hélices, pour éviter les pannes fatales aux mains des écorcheurs, — sans ces modèles nouveaux, notre Aviation demeure absurdement incomplète.

Je reviendrai ailleurs sur ces faits, car il importe au plus haut point que soient publiquement dénoncées les inerties et les responsabilités cachées, et que les pères et les mères sachent les périls que courent inutilement leurs enfants.

---

(1) A cette place il est utile d'évoquer encore, hélas ! les immenses hécatombes de 1914 à 1918. Les chiffres ci-dessous doivent vivre dans toutes les mémoires.

Par rapport à la population masculine ils établissent notamment que la France a subi : le plus fort pourcentage de mobilisés (40,8 o/o); le plus fort pourcentage de tués (10,5 o/o); le plus fort pourcentage de mutilés (11,2 o/o); enfin le plus fort pourcentage de sommes à payer, grâce à la non observation des traités.

Nombre de mobilisés : Russie 15 millions, 70.000; Allemagne 13 millions, 250.000; Autriche-Hongrie 9 millions; France 7 millions, 935.000; Royaume-Uni 5 millions, 704.000; Italie 5 millions, 615.000; Etats-Unis 4 millions, 272.000. Total, pour l'ensemble de tous les belligérants, environ *70.000.000*.

Nombre de tués : Allemagne 2.000.000; Russie 1.700.000; Autriche-Hongrie 1.542.000; France 1.400.000; Italie 750. 000; Royaume-Uni 744.000; Etats-Unis 68.000.

Nombre de mutilés : Allemagne 1.537.000; France 1.500.000; Royaume-Uni 900.000; Italie 800.000; Russie 775.000; Etats-Unis 157.000.

50.000 HOMMES

Les débats budgétaires de 1924 aux Communes, nous ont appris que l'Angleterre entendait pousser jusqu'à 40.000 hommes, pour la métropole seule, les effectifs de la « Royal Air Force ».

Pour l'Armée Aérienne Française de 4.000 appareils (en types fortement homogènes, répondant aux 4 opérations tactiques nécessaires) qui vient d'être décrite, ou pour toute autre conception, je demande que les effectifs français spécialisés soient poussés à 50.000 hommes. (1)

L'Angleterre a deux Fronts à défendre éventuellement : celui de la mer du Nord, et celui de la Manche.

Nous pouvons avoir, nous, cinq fronts beaucoup plus vulnérables à protéger : ceux de la Manche, de l'Atlantique, de la Méditerranée, des Alpes, et du Rhin.

En 1924 également, la France a prévu seulement (mais où en est ce Projet, qu'on dit fort menacé ?) que ses escadrilles hétéroclites seraient poussées à 208 en temps de paix.

Ce projet de loi (qu'on appela une solution « mixte ») part de la conception suivante : « Constituer, dit un commentateur autorisé, des forces aériennes prêtes à entrer immédiatement en campagne (mais naturellement ?) et suffisantes pour *tenir en échec* les forces adverses (lisez; allemandes, déjà !) pendant la *mise en train* des fabrications dans les usines de l'Aéronautique. »

Voilà la solution facile, et dangereuse ! Elle revient à dire : parons les coups, et de la sorte tenons un an, au lieu d'un mois. Au bout d'un an, nous serons forts...

C'est raisonner dans l'inconnu et dans l'absurde. En matière de guerre aérienne, on ne pare pas les coups, on les porte. Et les moyens actuels sont tels que les premiers portés peuvent être décisifs. C'est dans les premiers jours d'une guerre (franco-allemande par exemple) que se jouera l'existence de Paris ou de Berlin, centres vitaux d'organisation matérielle et de résistance morale; et que la mobilisation s'effectuera ou ne s'effectuera pas.

Il faut donc se préparer *avant* et non *pendant*. Et cela fera sans doute épargner, je ne dis pas des millions qui importent peu, mais beaucoup de noble sang...

Notre aéronautique qui dispose certainement des meilleurs hommes, des plus beaux as, des noms les plus resplendissants, a-t-elle aussi un véritable plan de guerre? Je le souhaite, car elle pourra alors — mais alors seulement — subordonner à ce plan : l'éducation de ses chefs et de ses hommes, le choix et la fabrication de ses appareils, l'ordonnance d'un budget efficace; c'est-à-dire créer dans tous les compartiments les ensembles homogènes, capables des grandes offensives déterminantes du succès.

...Il est vrai que si elle avait ce plan elle n'aurait pas le pouvoir de l'imposer, puis de l'appliquer. Alors pourquoi en aurait-elle ?

---

(1) Les hommes et l'argent pourraient être fournis en partie par notre cavalerie, arme sympathique et brillante mais appelée à être réduite. Son budget spécial de 483 millions, serait utilement peut-être ramené à 200 millions, ceci sans négliger le cadre des fonctionnaires.

LES GRANDES VITESSES ACTUELLES

Ce qui a été dit précédemment à propos notamment du *Coupleur d'Hélices* montre que la sécurité peut être enfin largement accrue sur les multi-moteurs, et que les vitesses peuvent être encore augmentées elles aussi.

A ce sujet, il faut souligner, à titre documentaire, quelques performances remarquables déja obtenues avec les moyens actuels, et sur engins relativement légers. Elles montrent ce qu'on peut attendre d'une Aviation fortement conduite et poussée en avant.

∴

Le 18 avril 1925 un Avion Nieuport-Delage 29, d'un type classique, a réalisé en circuit de 1200 kilom. une vitesse de plus de 200 kilom. à l'heure.

Quelques jours avant, le 7 avril le Farman-Jabiru quadri-moteur réalisait cette vitesse de 200 kilom. à l'heure sur l'aller et retour Paris-Amsterdam.

Au cours de leur fameux circuit des Capitales en Août 1925, Arrachart et Carol, sur leur Potez 25, ont également réalisé une vitesse horaire moyenne de 200 kilom.

Les 200 kilom. sont devenus presque « commerciaux ».

D'autre part, et sur avion léger, le 29 août 1925, Fernand Lasne avec son Nieuport-Delage 450 CV. battait le record de vitesse des 1000 kilom., à la moyenne de 249 kilom. à l'heure, et bientôt après d'autres records.

Sur parcours plus réduit on a fait mieux encore.

∴

Au surplus, voici l'intéressant tableau chronologique des principales performances depuis 1906, tableau dressé par un éminent spécialiste, M. le commandant Hirschauer, secrétaire de la Commission d'Aviation de l'Aéro-Club et Rapporteur technique de la Fédération aéronautique internationale :

Date	Vitesse à l'heure	Distance sur laquelle le record a été établi	Nom et nationalité du Pilote	Marque de l'Appareil et du Moteur	Lieu du record

I. — Records en ligne droite.

Date	Vitesse à l'heure (km.)	Distance (m.)	Nom et nationalité du Pilote	Marque de l'Appareil et du Moteur	Lieu du record
1906. 12 nov.	41 292	82 60	Santos-Dumont (B.)	Santos-Dumont. Biplan 40 CV Antoinette ...	Paris (Bois de Boul.)
1907. 26 oct.	52 700	770	Farman (A.) (naturalisé Français post.)	Voisin. Biplan 40 CV Antoinette..........	— (Issy-les-Moulineaux)

II. — Records en circuit fermé.

Date	Vitesse à l'heure	Distance	Nom et nationalité du Pilote	Marque de l'Appareil et du Moteur	Lieu du record
1909. 20 mai.	54 810	5 km.	Tissandier (F.)	Wright. Biplan 24 CV Wright. Barriquant.	Pau
— 23 août	69 821	10 —	Curtiss (EU.)	Herring Curtiss. Biplan 25 CV Curtiss.....	Reims
— 24 —	74 318	10 —	Blériot (F.)	Blériot. Monoplan 30 CV E. N. V.....	—
— 28 —	76 955	10 —	— —	— —	
1910. 23 avril	77 579	20 —	Latham —	Antoinette. 50 CV Antoinette..	Nice
— 10 juill.	106 508	20 —	Morane —	Blériot. — 100 CV Gnome.....	Reims
— 29 oct.	109 756	5 —	Leblanc —	— — — —	New-York
1911. 12 avril	111 801	5 —	— —	— — —	Pau
— 11 mai	119 760	10 —	Nieuport —	Nieuport. — 35 CV Nieuport....	Châlons
— 12 juin	125 000	5 —	Leblanc —	Blériot. — 100 CV Gnome.....	Etampes
— 16 —	130 057	5 —	Nieuport —	Nieuport. — 70 CV —	Châlons
— 21 —	133 136	10 —	— —	— — —	—
1912. 13 janv.	145 161	5 —	Védrines —	Deperdussin. — 100 CV —	Pau
— 22 févr.	161 290	10 —	— —	— — 140 CV —	—
— 29 —	162 454	10 —	— —	— — —	—
— 1er mars	166 821	10 —	— —	— — —	—
— 2 —	167 110	10 —	— —	— — —	—
— 13 juill.	170 777	10 —	— —	— — —	Reims
— 9 sept.	174 100	6 mil.	— —	— — —	Chicago
1913. 17 juin	179 820	10 km.	Prévost —	— — —	Reims
— 27 sept.	191 897	10 —	— —	— 160 CV —	—
— 29 —	203 850	10 —	— —	— — —	—

III — Records sur base.

A. — Deux « aller et retour » accomplis au cours d'un même vol sur une base de 1 kilomètre. — Hauteur constante et inférieure à 50 mètres pendant chaque parcours de la base et les 500 mètres précédant l'entrée de la base. — Le record ne peut être battu que par un écart de vitesse de 4 km./h. — Vitesse calculée sur la moyenne des durées des deux « aller et retour ».

Date	Vitesse à l'heure	Distance	Nom et nationalité du Pilote	Marque de l'Appareil et du Moteur	Lieu du record
1920. 7 févr.	275 862	4 km.	Sadi-Lecointe (F.)	Nieuport-Delage. Bipl. 300 CV Hispano-Suiza.	Paris (Villac.)
— 28 —	283 464	4 —	Casalè —	Spad-Herbemont. — — —	
— 9 oct.	292 682	4 —	de Romanet —	—	— (Buc)
— 10 —	296 694	4 —	Sadi-Lecointe —	Nieuport Delage — — —	
— 20 —	302 529	4 —	—	—	— (Villac.)
— 4 nov.	309 012	4 —	de Romanet —	Spad-Herbemont — — —	— (Buc)
— 12 déc.	313 043	4 —	Sadi-Lecointe —	Nieuport Delage — 340 CV —	
1921. 26 sept.	330 275	4 —	—	Sesquiplan 340 CV —	Etampes
1922. 21 —	341 233	4 —	—	— 360 CV —	
— 13 oct.	358 836	4 —	gén. Mitchell (EU.)	Curtiss. Biplan 375 CV Curtiss............	Détroit
1923. 15 févr.	375 000	4 —	Sadi-Lecointe (F.)	Nieuport-Delage. Sesquiplan 400 CV H.-Suiza.	Istres (B.-d.-R.)
— 29 mars	380 751	4 —	Lieut. Maughan (EU.)	Curtiss. Biplan 465 CV-Curtis.............	Dayton

Pour les 3 derniers records, la vitesse a été calculée sur la moyenne des vitesses des deux « aller et retour ».

B. — Même réglementation qu'en A, mais base de 3 kilomètres, vitesse calculée sur la moyenne des vitesses réalisées sur chacun des quatre parcours.

Date	Vitesse à l'heure	Distance	Nom et nationalité du Pilote	Marque de l'Appareil et du Moteur	Lieu du record
1923. 2 nov.	417 478	12 km.	Lieut. Brow. (EU.)	Curtiss Racer. Biplan 500 CV Curtiss.....	New-York.
— 4 —	429 025	12 —	Lieut. Williams —	— — —	

C. — Même réglementation qu'en B, mais interdiction de dépasser une hauteur de 400 mètres au-dessus du terrain pendant tout le vol de record, du départ à l'atterrissage. Le record ne peut être battu que par un écart de vitesse de 8 km./h.

Date	Vitesse à l'heure	Distance	Nom et nationalité du Pilote	Marque de l'Appareil et du Moteur	Lieu du record
1924. 11 déc.	448 171	12 km.	Adj. P. Bonnet (F.)	S.I.M.B. V2. Monoplan 600 CV Hisp.-Suiza.	Istres (B.-d.-R.)

A. Anglais — B. Brésil — EU. Amérique — F. France.

LA VOIE SACRÉE

L a formation, dans une forte armature technique, industrielle et militaire, d'une armée permanente de 4.000 appareils et de 50.000 hommes, rassemblés en une seule main, constitue le plus faible minimum utile.

Sans elle, il faut oser écrire que la sécurité de la France n'est pas assurée. Sans elle, notre politique extérieure subira de dangereuses tutelles.

Ce minimum détermine donc un programme minimum lui aussi, qui comporte néanmoins une action effective possible (c'est-à-dire offensive et défensive) à la fois sur deux fronts.

Car la France a deux frontières principales, et non une : celle du *Rhin* et celle de la *Méditerranée*. Par l'une on peut l'envahir, par l'autre la juguler.

On a tout dit de la première ; j'admets, sans en être sûr, qu'on a beaucoup fait pour essayer de la couvrir, et pour mettre ce peuple à l'abri derrière un infranchissable écran.

On ne dit rien de la seconde. Qui s'en soucie ? Il faut donc en parler, et terminer par elle sur une vision concrète des réalités.

⁎

S'il est vrai que la France, selon le mot inoubliable du général MANGIN, est une nation de 100 millions d'âmes, qui dès lors ne craint plus la dépopulation (1), elle le doit à ses colonies, et d'abord à son Empire africain.

Donc, entre elle et lui nul ne doit pouvoir s'interposer. En aucun moment de la paix ou de la guerre, la ligne Marseille-Alger, ce cordon ombilical qui soude les deux continents, ne doit être coupé.

Par cette coupure notre sang s'écoulerait.

---

(1) Il y aurait là analogie avec les États-Unis, où les blancs évitent les enfants, et où la majorité passera aux nègres.

C'est par là au contraire qu'il doit affluer. Nos forces neuves viendront de l'Afrique et par l'Afrique dont le blocus est à peu près impossible, sauf sur le Front Méditerranéen. Les immenses réserves d'hommes, de denrées, de matières premières, et d'abord de carburants, tout le prodigieux trafic qu'engendre une guerre en Europe, doit pouvoir passer librement, sinon la Nation sera en péril immédiat et terrible.

** **

Or, quelle est la situation en Méditerranée?

Rien, certes! ne nous y menace aujourd'hui, au contraire. Mais qui peut garantir demain?

Nous y sommes, et y resterons, inférieurs à l'Italie *seule.*

Des chiffres incontestables l'établissent. (1)

Inutile de nous opposer, sur ce point ou un autre, la théorie facile du silence et de la prudence, ou la méthode infirme de l'autruche. Le silence ne cache rien d'utile en ces matières, les adversaires savent toujours ce qu'ils veulent et doivent savoir. On peut fort heureusement leur cacher, et par exemple dans un arsenal bien dirigé, certains secrets de fabrication - mais c'est tout! Par contre l'opinion publique, (élevée dans la plus incroyable ignorance) doit être informée, pour comprendre et pour réclamer ou approuver, car rien en ce siècle ne se peut faire sans elle. L'écarter du débat, c'est l'endormir et la tromper. Le coup de vent des discussions la réveillera utilement. Il est temps qu'elle pousse ses dirigeants à l'action créatrice.

Donc, l'Italie seule nous peut dominer.

A plus forte raison la conjonction, dans le lac méditerranéen, de l'Italie et de l'Espagne, dont il fut beaucoup question, voire même de l'Italie et de... la Grèce.

A plus forte raison la conjonction à peu près faite de l'Italie et de l'Angleterre.

Nous ne pouvons donc (sans un esprit de suicide, que nous soufflent souvent nos ennemis, et parfois certains amis trop bien obéis chez nous par de zélés serviteurs) accepter sans agir préventivement la pénible hypothèse de ruptures suivies d'attaques venues de Gibraltar, de Malte, ou de La Spezzia.

---

(1) De 1914 à 1922 la France n'a rien construit, sinon 4 torpilleurs et 27 sous-marins de remplacement, contre 34 torpilleurs et 40 sous-marins construits par l'Italie. Nos autres unités sont moins nombreuses aussi et plus anciennes. Par exemple 6 cuirassés contre 7.

Les lois du 12 Avril 1922 et 28 Avril 1924 ont institué heureusement un programme de construction allant de 1925 à 1932. Mais en même temps l'Italie en constituait un autre pour un temps plus court, 1925 à 1930.

En 1932 les deux puissances posséderont :

	France	Italie
Cuirassés	6	7
Croiseurs	11	14
Contre-torpilleurs	22	9
Torpilleurs	50	61
Sous-marins	66	62

En fait, l'Italie aura constitué ses contingents deux ans avant nous. Quand nous serons prêts nous arriverons à peine à égaliser. Mais ce n'est pas celà qui peut nous permettre à la fois de combattre et d'assurer la sécurité de la longue ligne Marseille-Alger ou Toulon-Bizerte.

D'autre part, sur le trajet direct Toulon-Bizerte, l'Italie organise en outre au Sud-Ouest de la Sardaigne, dans l'Ile d'Antioco, une base pour bâtiments légers et avions. Donc, nous aurions un intérêt majeur à acheter, si possible, l'Ile de Minorque à l'Espagne pour y établir aussi, non une base agressive, mais une base de relais.

Et puisque le pavillon de la seconde puissance coloniale du monde a été presque chassé de la surface des mers, il nous reste la voie de l'air et la voie sous-marine.

* *

L'Escadre des Hydravions-Torpilleurs L. A. F. 1925, jointe à celle des Super-sous-marins Foenquinos, peut rendre cette route intangible d'un bout à l'autre.

A son centre, la Corse, largement outillée, devrait en être le bastion principal. La Corse, fleur splendide jaillie de la mer, doit porter en elle un frelon armé, mortel pour quiconque lèverait la main sur elle ou sur nous.

...Pour la défense ou l'attaque d'un littoral ou d'une rade il n'est point d'arme plus efficace que ce *Super-sous-marin* naviguant à la fois sur l'eau et sous l'eau, sur fonds marins et sur terre, sortant de la mer pour escalader les côtes, paraissant, combattant, et disparaissant. Il n'en est point de plus capable que cet *Hydravion-torpilleur* de porter au loin des coups rapides et foudroyants. (1)

* *

Si la France veut respirer librement et durer, il lui faut, non pas l'empire des airs qu'elle ne peut malheureusement embrasser, mais le commandement absolu d'une des routes de cet empire. Entre Marseille et Alger, elle doit tendre un bras de fer, que nul ne pourra rompre.

...Cette voie intangible, c'est pour nous, Français, la « Voie Sacrée ».

---

(1) Le prix d'un seul cuirassé égale celui de 1000 hydravions-torpilleurs de haute mer tout équipés. Le prix d'un seul cuirassé égale celui de 200 super-sous-marins de 400 tonnes de déplacement.

RÉSUMÉ

AGENCE ÉCONOMIQUE DES COLONIES
BIBLIOTHÈQUE

L'*éternel problème de l'existence et de la liberté des races, si semblable sur un champ plus vaste à celui de la vie et de la prospérité des familles ou des individus, n'est pas un problème spécialement gai. Les esprits légers ou optimistes auront néanmoins tout profit à essayer de le regarder en face.*

Et par exemple de considérer ceci :

Dans dix ans, la France pourra mettre en ligne (sans les Africains) 3.500.000 soldats. L'Allemagne (sans l'Autriche qu'elle s'efforce déjà d'absorber.) 12 millions.

Or, on peut parfaitement admettre, avec une grande bonne volonté, que l'Allemagne n'est plus une nation ni conquérante ni militaire; qu'elle a peur de faire tuer partie de ses hommes qui la surpeuplent; que l'esprit de revanche, au lieu de régner et de grandir chez elle comme on l'a vu depuis 1918, s'est éteint depuis hier; que ses éducateurs déchaînés contre nous lui enseignent subitement la résignation; qu'elle a passé l'éponge sur sa défaite et sa juste humiliation; qu'elle a tout-à-coup perdu cet instinct millénaire qui dans tous les temps, la poussa irrésistiblement vers l'ouest; qu'elle renonce définitivement à cette prépondérance européenne qu'elle avait sû rendre si fructueuse et magnifique après sa victoire de 1871; qu'elle a oublié aussi ses colonies confisquées; et même qu'elle payera honnetement et indéfiniment les intérêts de sa dette; enfin que son âme, touchée par la grâce d'en haut et notre humilité d'en bas, est devenue l'opposée de celle qu'on lui connaît depuis 2000 ans.

On peut admettre cela! Mais, plus prudemment et plus judicieusement, on peut aussi admettre le contraire.

Dans ce cas, nous savons de quelle manière l'Allemagne victorieuse saurait « coloniser » cette proie splendide : la France vaincue. On peut considérer en particulier que notre défaite par elle aurait de tous autres résultats que n'en a eu sa défaite par nous...

Dès lors deux mesures préservatrices, nonobstant les agréments des Congrès pacifistes, sont sans doute bonnes à prendre :

1° L'organisation militaire des Africains et autres, afin de doubler nos contingents;

2° L'organisation d'un matériel supérieur, et notamment d'une Aviation prépondérante pour la prompte destruction des centres de mobilisation et de rassemblement, et des centres de fabrication, de l'agresseur quel qu'il soit.

Telle est, depuis dix ans, notre inébranlable théorie.

En 1925, comme en 1915-1918, en montrant les maux, nous avons indiqué certains remèdes, créé ou signalé des engins nouveaux, proposé une méthode, et l'ensemble aboutit à cette conclusion :

Si l'Allemagne ou l'Angleterre occupaient l'incomparable position stratégique qui est la nôtre, au carrefour naturel des plus grandes voies maritimes et aériennes, en façade sur trois mers, à quelques heures de l'immense et riche Afrique, elles imposeraient sans effort leur prépondérance indiscutable et fructueuse.

Hier, depuis 1871, la France amputée et menacée sans cesse, n'y pouvait songer. Aujourd'hui, sauvée de la mort et facticement plus forte, elle n'y songe pas davantage, et on la voit dévorer, dans une sorte de vertige, ses réserves centenaires. Demain les générations qui montent joueront sans doute un rôle différent.

Dès à présent il faut du moins que les incompétents se rendent compte que du ciel le plus calme, peut soudain partir la tempête — et que l'anéantissement de la population de tout un département, par les seuls avions de bombardement à bombes asphyxiantes, est possible en une ou deux nuits.

La France veut-elle risquer cela, et dix fois davantage, ou bien prendre enfin l'avance utile et la garder ?

C'est le problème que pose ce livre.

TABLE DES MATIÈRES

PRÉFACE 5

LE MANIFESTE de la LIGUE AÉRIENNE FRANÇAISE 9
    Pour la suprématie de l'Air par l'Avion de guerre 9
    LES FONDATEURS 12
    LE COMITÉ EXÉCUTIF - Premier ordre du jour 13

PÉTITION des MAIRES de FRANCE 15
    Texte de la Pétition 16

LETTRES du SECRÉTAIRE GÉNÉRAL au GOUVERNEMENT et au
PARLEMENT 19
    Aux Membres du Sénat 19
    Aux Membres de la Chambre 21
    Aux Présidents du Conseil 22
        A Monsieur Alexandre Ribot 22
        A Monsieur G. Clemenceau 24
        A Monsieur G. Clemenceau 25

EXTRAITS des RAPPORTS du SECRÉTAIRE GÉNÉRAL 27
    La Guerre moderne et l'Avion de Bombardement 27
        La Menace sur Paris 28
    Notre attaque des Centres Vitaux 28
    Offensive interdite ou permise 30
    L'effort et le But 30
    L'ORGANISATION D'UNE ARMÉE AÉRIENNE - Un plan d'ensemble . . . 32
        L'Arsenal et les Pilotes 32
        L'Institut d'Aviation 33

LA CRÉATION d'un CENTRE d'ETUDES Techniques et Pratiques 35
    Le Comité technique 36
    Appel aux Français 37

LES TRAVAUX DU CENTRE D'ETUDES. . . .   41

LA PUISSANCE de la HOUILLE BLEUE et la TÉLEMÉCANIQUE. . .   43
     Une royauté nouvelle . . . . , . .   43
     L'AVIATION DE DEMAIN – Avions militaires sans Pilotes. - Avions civils
         sans Combustible.   44
     Un premier rapport d'experts   45
     LA TURBINE A PALETTES DE M. R. DESMONS.   47
         Son principe.   47
         Une grande réalisation.   48
         Rendement.   48
         Installation en mer   49
         Installation dans les cours d'eau   51
     Quelques réalisations pratiques possible   51

LES GRANDS SERVICES rendus par le LABORATOIRE AÉRODYNAMIQUE
" EIFFEL "   55

LE COUPLEUR D'HELICES de M. R. DESMONS pour appareils multi-
         moteurs et mono-moteur suralimentés.   57
     Description et utilisation   58

LE MOTEUR à PUISSANCE VARIABLE de M. R. DESMONS   63
     Description.   65
     Comparaisons   66
         Pour les moteurs d'Avions   66
         Pour les moteurs d'Autos.   67

L'AVION d'ESCADRE et de BOMBARDEMENT et les AILES-COQUES
de M. R. DESMONS   69
     Les deux types 1917   71
     Avion de Bombardement n° 1   71
     Description   71
     Performances   73
     Conclusions des rapporteurs   73
     Avion de Bombardement n° 2   74
     Description   74
     Performances   75
     Tableau comparatif   76
     Le Type 1925.   77
     Description   77
     Les Ailes-Coques   79
     Performances   80
     Résultats.   82

L'AVION de BATAILLE de M. R. DESMONS 83

    Le Type 1917 83
        Description 83
        Performances 87
    Le Type 1925 - Un Roi de l'Air 89
        Description 89
        Performances 91

L'AVION CUIRASSÉ de M. R. DESMONS 93

    Le Type 1917 93
        Description 93
        Performances 97
    Le Type 1925 - Un Tank de l'Air 99
        Description 99
        Résultats 102

L'HYDRAVION TORPILLEUR de HAUTE-MER 103

    L'HYDRAVION TORPILLEUR DE M. R. DESMONS 105

    Le Type 1917 105
        Description 105
        Performances 109
        Expérimentation 109
        Tableau comparatif 110

    Rapport 110
        Transformation en Hydravion de Combat 111
            Extrait des rapports de MM. Berthelot et Roche . . 111
    Le Type 1925 113
        Description 113
        Performances 114
        Derniers chiffres 115

LES BOMBES AÉRIENNES 117
        Les premiers travaux du professeur L. Roman 117
    Le défileur de tranchées 119

LE VISEUR de BOMBARDEMENT du CAPITAINE BIRAULT 121

LE RÉSERVOIR de SÉCURITÉ de M. GÉRARD MOULINEY 123
        Description et fonctionnement 124

L'ALIMENTATEUR D'ESSENCE de MM. HENRY et DESMONS 127
        Description et fonctionnement 127

LES CHARS MARINS de M. Léon Foenquinos   129

L'Art de la Navigation sera-t-il renouvelé ?   129

Description et essais du Char Marin " La France "   132

Organes moteur, de transmission de force motrice, de
commande, de direction terrestre et aquatique   133

Organes de transmission de force motrice   134
Organes de commande et de direction terrestre et aquatique   134
Navigation sur l'eau   135
Navigation sur terre   136
Navigation en plongée   137

Le Tank supérieur   138
Le Super sous-marin   139
Le Char Colonial   140
Le Char Péniche   142

CONCLUSIONS GÉNÉRALES   143

LE NOUVEL EMPIRE   145
LE PROGRÈS DÉSARMÉ   148
Solution provisoire   152

LE MINISTÈRE de l'AIR   155

Lettre à M. G. Clemenceau.   156

Un Institut d'Aviation   157
Une Ecole d'Aviation   157
Un Arsenal   158
Le Commandement   158

UNE ARMÉE AÉRIENNE   159

L'Escadre des Hydravions   160
Les Escadres d'Avions   160

Escadre des Avions de Bataille - 1000 Appareils   161
Escadre des Avions de Bombardement - 1000 Appareils . .   161
Escadre des Avions Cuirassé - 1000 Appareils   161

50.000 hommes   163
Les grandes vitesses actuelles   164

LA VOIE SACRÉE   167
RÉSUMÉ   171

www.ingramcontent.com/pod-product-compliance
Ingram Content Group UK Ltd.
Pitfield, Milton Keynes, MK11 3LW, UK
UKHW022017170726
13837UKWH00001B/232

9 782329 180298